Abimelec, el hijo del rey

Abimelec, el hijo del rey

Ambición, violencia y poder en Jueces 9.
Relectura en clave de género

Alexeiv Rodríguez

ASOCIACIÓN
BÍBLICA
ARGENTINA

© Alexeiv Rodríguez
© Asociación Bíblica Argentina, 2025
© Editorial Verbo Divino, 2025

Imagen de cubierta: fragmento coloreado de la
Muerte de Abimelec (1866), de Gustavé Dore.

Maquetación: José M.ª Díaz de Mendívil Pérez

Editorial Verbo Divino
Avda. Pamplona, 41
31200 Estella (Navarra)
España
Tel. 0034 948 556 511
publicaciones@verbodivino.es

Impresión: Liber Digital, Casarrubuelos (Madrid)

Impreso en España - *Printed in Spain*

ISBN: 978-84-1063-208-0
ISBN ebook: 978-84-1063-209-7
Depósito Legal: NA 2146-2025

ÍNDICE

PRÓLOGO

El presente libro es una adaptación y actualización de la tesis que defendí para obtener el título de magíster en Teología por la Pontificia Universidad Católica Argentina Santa María de los Buenos Aires (UCA) titulada: *Jueces 9: una lectura poscolonial*.

Escribo este libro con el objetivo de divulgar algunas de las conclusiones a las que he llegado a través del proceso de investigación y escritura, esperando que sirva también para dar a conocer uno de los capítulos menos conocidos del texto bíblico en ámbitos no académicos: Jueces 9.

Es difícil explicar mi interés por Abimelec y por la Biblia hebrea, pero habiendo crecido con los libros como mis mejores amigos y compañeros de vida, era claro que la parte de la Biblia con más relatos sería la que me terminara de conquistar en mi tarea de biblista.

Agradezco a la Asociación Bíblica Argentina (ABA) no solo por la oportunidad que me ha dado de presentar este manuscrito, sino por el cariño y apoyo que me han mostrado desde hace años. El ejemplo de los grandes biblistas con los que he tenido el privilegio de convivir en esta institución me ha animado a continuar con el estudio de las Escrituras sin perder la calidez humana.

En mi armario tengo guardada, como un tesoro personal, la remera del equipo de fútbol de mi preparatoria, la cual está firmada por algunas de las mejores personas que he conocido en mi vida. Una de esas firmas dice: «estoy ansioso por leer tu libro...».

Ese solo es un ejemplo de las numerosas personas que han creído y apoyado la creación de este libro. Nadie escribe un libro solo y este se redactó gracias al amor y el apoyo que, a través de los años, me han dado tantas personas, a veces con sus palabras de aliento y, en ocasiones, incluso económicamente.

Pero nadie se merece más agradecimiento que mi aliada y compañera, Gabi, sin ella, Hitphael y Maya, hace años que hubiera renunciado a mis sueños. Ustedes son mi pedacito de cielo en la tierra.

Buenos Aires, julio de 2025

ABREVIATURAS DE
LOS LIBROS BÍBLICOS

Ab	Abdías	Jds	Judas
Ag	Ageo	Lc	Lucas
Am	Amós	Lm	Lamentaciones
Ap	Apocalipsis	Lv	Levítico
Ba	Baruc	1 Mac	1 Macabeos
1 Cor	1 Corintios	2 Mac	2 Macabeos
2 Cor	2 Corintios	Mc	Marcos
Col	Colosenses	Mi	Miqueas
1 Cr	1 Crónicas	Ml	Malaquías
2 Cr	2 Crónicas	Mt	Mateo
Ct	Cantar de los Cantares	Na	Nahúm
Dn	Daniel	Ne	Nehemías
Dt	Deuteronomio	Nm	Números
Ef	Efesios	Os	Oseas
Esd	Esdras	1 Pe	1 Pedro
Est	Ester	2 Pe	2 Pedro
Ex	Éxodo	Pr	Proverbios
Ez	Ezequiel	Qo	Eclesiastés
Flm	Filemón	1 Re	1 Reyes
Flp	Filipenses	2 Re	2 Reyes
Gal	Gálatas	Rom	Romanos
Gn	Génesis	Rut	Rut
Ha	Habacuc	1 Sam	1 Samuel
Heb	Hebreos	2 Sam	2 Samuel
Hch	Hechos de los Apóstoles	Sal	Salmos
Is	Isaías	Sb	Sabiduría
Job	Job	Sir	Eclesiástico
Jue	Jueces	So	Sofonías
Jdt	Judit	Sant	Santiago
Jl	Joel	Tb	Tobías

Ab	Abdías	**Jds**	Judas
Ag	Ageo	**Lc**	Lucas
Am	Amós	**Lm**	Lamentaciones
Jn	Juan	**1 Tm**	1ª Timoteo
1 Jn	1ª Juan	**2 Tm**	2ª Timoteo
2 Jn	2ª Juan	**1 Ts**	1ª Tesalonicenses
3 Jn	2ª Juan	**2 Ts**	2ª Tesalonicenses
Jon	Jonás	**Tit**	Tito
Jos	Josué	**Za**	Zacarías
Jr	Jeremías		

INTRODUCCIÓN

¿A quién no le gusta una buena historia? Se podría argumentar que la capacidad de producir relatos, que superan nuestro acotado tiempo de vida, es una de las cosas que nos definen como humanos. Somos seres que inventan, cuentan y disfrutan las historias.

Esta capacidad nos permite hacer amigos desde que somos niños; basta juntar tres niños en un patio de juegos y, a los cinco minutos, crearán una historia en conjunto que, si se dan las condiciones necesarias, los puede unir toda la vida.

Desde tiempos remotos surgieron relatores profesionales cuya labor era contar y recontar las historias que podían formar una sociedad entre sí.

Con el tiempo, estos profesionales se fueron especializando cada vez más en el arte de contar historias. Tanto que hoy son capaces de vendernos desde un detergente de ropa (¿cómo voy a perder mi camisa favorita a la que le cayó vino en la cena?) hasta de convencernos de ir a la guerra contra un país del otro lado del mundo, cuyos habitantes son completamente desconocidos para nosotros. Las historias son poderosas.

Por eso, no nos debería extrañar que, dada nuestra pasión por el contar y escuchar historias, tan inherente a la condición humana, el libro que más ha transformado el mundo se trate también de una colección de la más grande variedad de historias: la Biblia, especialmente lo que en este libro llamaremos la Biblia hebrea, texto sagrado compartido por tres de las más grandes religiones monoteístas del mundo.

Los relatores profesionales que recopilaron y escribieron los relatos de la Biblia hebrea hicieron tan buen trabajo que, aún hoy, más de dos mil años después de haber sido puestos por escritos, se siguen leyendo y releyendo cada fin de semana en diversas comunidades de fe que buscan en ellos una identidad común y una guía para sobrevivir en el mundo.

También es cierto que, al ser relatos tan poderosos y respetados en todo el mundo, en ocasiones no han sido utilizados de la mejor manera y, en vez de traer paz y vida plena a la vida de los oyentes, han traído guerra y destrucción en pos de una cosmovisión colonialista e imperialista del mundo.

Por eso, todos los que nos dedicamos a la lectura y la enseñanza de la Biblia tenemos la responsabilidad de prepararnos para utilizar estas historias de manera que transmitan liberación y vida en lugar de opresión y muerte.

De eso trata este libro, el cual se inserta en la tradición de una colección de libros destinada a proveer herramientas de lectura e interpretación del texto bíblico a todo aquel que esté interesado en hacer un uso responsable e intelectualmente honesto de los poderosos relatos con que Dios nos han obsequiado en los escritos sagrados.

Específicamente, esta obra trata sobre un personaje quizá poco conocido en nuestras comunidades de fe, pero cuya historia, cuando se sabe, no nos puede dejar apáticos. Se trata de Abimelec, el hijo de Gedeón, cuya historia se narra en el capítulo 9 del libro de los Jueces.

Espero que te gusten las historias trágicas con finales inesperados porque, en la historia de Abimelec tenemos un poco de todo: dramas familiares, asesinatos, humor, traición, usurpación del poder y un final absolutamente maravilloso. Si alguno cree que la Biblia es aburrida es porque nunca conoció la historia de Abimelec, cuyo nombre significa «mi padre es el rey».

Este libro está dividido en dos grandes secciones:

En la primera, que consiste en dos capítulos, ofrezco una introducción exegética, en primer lugar, al libro de Jueces completo y después al capítulo 9. Te guiaré de manera sencilla por los datos más importantes que debes tener en cuenta al leer el libro de Jueces y la historia de Abimelec. A pesar de ser una sección de carácter exegético, mantendré un lenguaje al alcance de cualquier lector interesado y me detendré a explicar los conceptos que puedan ser complicados para el lector no especializado.

La segunda sección del libro es de carácter hermenéutico y pastoral. Hago uso de diferentes herramientas hermenéuticas para actualizar el texto en nuestro contexto. En el primer capítulo de esta sección realizo un análisis discursivo de las palabras de Abimelec y Gaal para mostrar su carácter programático y las consecuencias de la reproducción de este tipo de discursos en toda sociedad. En el segundo capítulo de la sección me enfocaré en la figura de Jotam y la crítica que se hace de la monarquía de Abimelec. Por último, haré uso de las herramientas que, en los últimos años, han proporcionado las ciencias sociales para desenmascarar las dinámicas de poder, honor y masculinidad presentes en el texto.

Por el carácter divulgativo del libro, mantendré en el mínimo posible las citas de otros libros y artículos de carácter académico; el lector especializado podrá buscar en la bibliografía final la lista completa de referencias.

Al final de cada capítulo te recomendaré lectura para profundizar en algún tema particular, limitándome a obras disponibles en castellano y de fácil acceso al público.

Mi deseo es que la lectura de esta obra despierte un renovado interés por el estudio del libro de Jueces y de los interesantísimos personajes que aparecen en él. Aspiro a que la figura de Abimelec, a quien la Biblia dedica un capítulo entero, sea reconocida con la importancia que merece en todos sus matices y, sobre todo, nos desafíe a repensar nuestros modelos de relaciones, liderazgos y hegemonías en la búsqueda de una cultura de paz.

SECCIÓN I
ANÁLISIS EXEGÉTICO

CAPÍTULO 1

JUECES. HISTORIAS ANTIGUAS PARA PENSAR EL PRESENTE

Comencé el libro hablándote de la pasión humana por las historias: las historias nos unen, pero también nos separan; nos hacen amar, pero también odiar; crean un sentimiento de pertenencia, pero también de rechazo; ¡tanta vida y tanta muerte cabe en un relato!

Y hablando de historias, nada mejor que uno de los libros más interesantes de la Biblia hebrea: el libro de los Jueces. Quizá sea el libro bíblico que contiene más variedad de personajes e historias.

¡Y qué tipo de historias! Si en las iglesias se leyera más seguido este libro, nadie se atrevería a tildar a la Biblia de aburrida (de todas las críticas que se le hacen comúnmente esta es la que más me molesta por ser claramente falsa).

¿Poesía y cánticos de guerra?, lo tienes en Jueces; ¿romances y traiciones?, estás en el lugar correcto; ¿mujeres liderando?, en Jueces las hay; ¿reyes poderosos asesinados por héroes desconocidos?, en los Jueces los tienes; ¿venganzas familiares?; ¿violencia multitudinaria?; ¿héroes solitarios?; ¿liberaciones milagrosas?; ¿hombres con superpoderes? Sí, de todo esto hay en el libro de los Jueces: ¡el juego de tronos de la tradición bíblica!

Básicamente, te podría decir que en el libro de los Jueces tenemos de todo ¡excepto jueces!, al menos no en el sentido moderno de la palabra. Los protagonistas del libro son mujeres y hombres que fueron llamados por Dios para proteger y liberar al pueblo de Israel de sus opresores.

Es por eso, que en más de alguna ocasión se ha propuesto que el título hebreo *Shophetim*, en vez de «Jueces», debería ser traducido como «líderes», «libertadores» o incluso hasta «guerrilleros», pues cada uno de estos títulos corresponden mucho más a la función que cumplen estos personajes a lo largo del libro.

Sin embargo, en la versión griega, la Septuaginta, también se ha titulado como *Kritai*, un derivado del verbo griego que significa «juzgar». La versión latina utiliza la palabra *Iudices* por lo que la traducción del título al castellano como «Jueces» se basa en una tradición tan antigua que no es esperable, y tal vez tampoco deseable, que alguna edición contemporánea de la Biblia se atreva a cambiarla pronto.

Entonces, más allá de la traducción del nombre, lo importante es conocer la función de estos personajes en la narrativa, como grupo e individualmente, tal como lo haremos en este libro con la figura de Abimelec. Pero antes, vamos a pensar en la datación del libro.

DATACIÓN E HISTORICIDAD

¿Por qué es importante conocer la datación de un texto o al menos una aproximación a ella? Imagínate que me invitan a una fiesta de disfraces y la temática es «los años 70». Entonces para ir me visto con pantalones acampanados, camisa ajustada y una bandada en la cabeza, todo muy colorido. Sin embargo, camino a la fiesta me entero de que un amigo está en el hospital y tengo que ir a visitarlo.

Seguramente al llegar a la sala de espera del hospital levantaré unas cuantas miradas. Algunos se reirán de mí y otros incluso pueden enojarse o pedirme que me cambie de ropa, pues no entienden cómo alguien puede estar vestido de esa manera en un hospital en pleno año 2025 y, en cierto sentido, tienen razón: estoy vestido para los años 70.

Con la Biblia muchas veces sucede lo mismo, la «vestimenta» que usaron los autores no se corresponde con la que usamos actualmente y, por lo tanto, nos puede causar extrañeza, risas e incluso enojos. No es que la Biblia o nosotros estemos mal, sino que necesitamos conocer para qué fiesta se ha disfrazado, es decir, para qué época y con qué propósito ha sido escrita.

Entonces ¿a qué fiesta nos invita el libro de los Jueces?

Ya que el libro narra acontecimientos que supuestamente sucedieron entre la muerte de Josué y el inicio de la monarquía en Israel, tradicionalmente las tradiciones judías atribuían su autoría, o por lo menos su primera redacción, al profeta Samuel.

Lo anterior se apoya especialmente en dos frases que aparecen en el libro: la primera, «En aquellos días no había rey en Israel» (Jue 17,6;18,1;19,1;21,5), supondría la existencia de la monarquía en el tiempo en el que se estaba escribiendo el libro; y la segunda, «Así que los jebuseos han vivido [...] en Jerusalén hasta el día de hoy» (Jue 1,21), supone que, en ese mismo momento, David todavía no había echado a los jebuseos de Jerusalén, lo cual sucedió en el octavo año de su reinado según 2 Sam 5,4-7, lo que dejaría la ventana de escritura entre la coronación de Saúl, considerado el primer rey de Israel, y el octavo año del reinado de David. Es decir, el libro tendría que haber sido redactado entre el 1117 y el 1070 a. C. y no hay candidato mejor en ese tiempo para hacerlo que Samuel.

Sin embargo, hoy, gracias al avance de las ciencias bíblicas y de la arqueología, está teoría de datación y autoría ha sido descartada por la gran mayoría de los eruditos bíblicos (aunque siempre es posible encontrar a alguno que le guste ir contra de la corriente académica).

Pero, si bien hay consenso en que, por lo menos hasta el siglo VIII a. C., debido a que no existían las condiciones materiales y sociales indispensables para la escritura de una obra así en ningún lugar del Levante, aún no hay acuerdo respecto a las fechas probables de redacción del texto. Hagamos un breve repaso de las diferentes posturas.

Varios estudiosos del texto de Jueces sugieren que, sin importar la fecha de redacción final, en el mismo conviven tradiciones que se remontan hasta antes del siglo VIII a. C., ya sean tradiciones que han sobrevivido por medio de la transmisión oral o en algún tipo de colección de relatos previos al libro de Jueces.

La teoría más famosa en la que se basan mucho de estos autores, yo entre ellos, aunque cada uno haciendo sus propias correcciones, es la del biblista alemán Wolfgang Richter quien, en 1964, propuso la existencia de una colección de historias que él nombró *Retterbuch* (Libro de los salvadores) que se remontaba al gobierno de Yehú en el siglo IX a. C. (Richter 1964).

Hay que decir que la mayoría de los que sostienen esta teoría lo hacen con la sospecha de que las historias narradas en el libro de Jueces tienen alguna relación, más o menos estrecha, con los hechos reales que sucedieron en el territorio del Levante, cosa que, como veremos más adelante, es muy discutida hoy.

Más allá de las tradiciones y las fuentes, algunas de las opiniones más fuertes sobre la redacción de Jueces ha sido atribuirlo al reinado de Ezequías en el siglo VIII a. C. o al el de Josías en el siglo VII a. C. Ambos estando bajo el dominio del Imperio asirio.

Estos reyes, inspirados por la gran biblioteca que los emperadores asirios habían construido en Nínive y con la nostalgia del pasado que los llevaba a soñar de nuevo con un reino unido en el que Israel volviera a ser fuerte y próspero, patrocinan la colección y creación de libros como el de Jueces que servirían para unificar al pueblo con un pasado común, pensando en que esto los uniría frente a los desafíos del presente.

Para dichos autores, esta obra, que fue escrita entre el siglo VIII y VII a. C., constituirá la primera fase de la construcción de la llamada «historia deuteronomista», la cual será completada durante o después del exilio.

Sin embargo, no hay evidencia arqueológica de la viabilidad de tal obra en esos siglos. Incluso hay quien duda de la existencia real del rey Josías, ya que no hay ninguna fuente extrabíblica que hable de él.

Otros eruditos han propuesto el exilio en Babilonia o fechas inmediatas al regreso de los exiliados como las que mejor se ajustan al contenido y las problemáticas que se tratan en el libro. Especialmente en los últimos años, en los que los estudios sociales sobre las migraciones forzadas y el trauma cultural han sido muy explorados en los ámbitos bíblicos, esta fecha de redacción ha sido propuesta como la más aceptable.

Toda teoría presenta sus dificultades y esta no es una excepción. Presupone la existencia de condiciones ideales para la producción de esta obra, ya sea por parte de quienes permanecieron en Judá (lo cual es improbable, dado el reducido número de eruditos alfabetizados, probablemente todos deportados a Babilonia) o por parte de los escribas en Babilonia, quienes habrían requerido libertad, materiales y tiempo para realizarla. Esto último es más debatible, ya que no existe un consenso claro sobre las condiciones de los deportados en Babilonia.

Mientras hace algunos años se veía la época persa tardía como una época en la que quizá hubo algunas modificaciones al texto, hoy se posiciona como el tiempo preferido de los eruditos para la escritura y composición, no solo del libro de Jueces, sino de toda la Biblia hebrea tal como la conocemos hoy. Uno de los argumentos más sólidos usados es que recién en este periodo se darían las condiciones materiales y sociales para llevar a cabo una obra de tal calibre.

Para quienes vemos el período persa como la etapa formativa de lo que conocemos hoy como la Biblia hebrea no es tan importante la «historicidad» de los relatos que encontramos en Jueces. El propósito de los relatos es religioso y político, no histórico: la creación y legitimidad del «verdadero Israel»

Por último, cualquiera que haya leído el libro de los Jueces y sea conocedor de los mitos griegos se dará cuenta de las similitudes que existen entre la historia de Sansón (Jue 13–16) con el mito de Hércules o entre el rapto de las mujeres en Silo (Jue 21) y el mito del rapto de las mujeres de la tribu de los sabinos por parte de los fundadores de Roma. Por esto, algunos estudiosos han sugerido que los autores del libro de Jueces estaban familiarizados con los mitos griegos, lo cual solo sería posible si se extiende la fecha de escritura hasta los inicios del helenismo, hacia el siglo III a. C.

¿Verdad que era sencillo creer que Samuel escribió el libro? ¡Bienvenido a las ciencias bíblicas! Sin embargo, te prometo que reconocer la dificultad de datar el libro y conocer a su autor (lo que sucede con casi todos los libros de la Biblia hebrea) no hace que este pierda su importancia. Por el contrario, nos permite cuestionar más a profundidad los textos y llegar a un conocimiento más pleno y útil. Por lo pronto, podemos llegar a algunas conclusiones:

- El libro es mucho menos antiguo de lo pensado tradicionalmente.
- Aunque puede contener tradiciones antiguas, no se puede confiar en el libro para intentar reconstruir una historia de lo que «verdaderamente sucedió».
- El libro, además de lo religioso, también tiene fines ideológicos, ya sea, reafirmar la autoridad de un rey, fortalecer la unidad de un pueblo frente a amenazas externas o divisiones internas, justificar la expansión de un reino o darle identidad a un nuevo pueblo llegado del exilio.
- En su forma actual, se perciben en mayor o menor grado modificaciones en el libro, por lo menos hasta el siglo III a. C.

ESTRUCTURA

Volvamos al ejemplo del disfraz que sirvió en la sección anterior. Ahora imagínate que, por falta de presupuesto o conocimiento de las modas, me he puesto un pantalón acampanado de los 70, una campera de cuero estilo Marlon Brandon de los 50 y un sombrero texano para asistir a la fiesta.

Y ahora, aunque sí he llegado a la fiesta, los que me ven se siguen riendo de mí, pues parece que me he vestido sin ningún tipo de guía, solamente poniéndome lo que fui encontrando en alguna feria de ropas usadas.

Algo así también puede suceder cuando entramos directamente a leer el libro de Jueces sin una guía previa. Entre tantas y diversas historias pareciera que el redactor solo tomó lo que estaba a su disposición y lo acomodó sin sentido de la moda. Pero al dar un paso atrás y ver el panorama completo con atención, podemos darnos cuenta de que la forma en que elige, redacta y ordena las historias tiene un sentido.

Para encontrarle un sentido al orden en que el redactor «viste» los relatos, es necesario conocer la estructura general del libro.

Se propone la siguiente:

I. Prólogo (1,1–3,6)
II. Historia de los jueces (3,7–16,31)
III. Epílogo (17–21)

Veamos más de cerca cada sección:

I. Prólogo (1,1–3,6)

Dada la repetición de la muerte de Josué en 1,1 y 2,6, la mayoría de los eruditos propone la existencia de dos prólogos independientes. Estoy de acuerdo con José Luis Sicre que opina que existe una introducción dividida en dos partes:

A. **Prólogo A (1,1–2,5).** Dedicado a narrar la conquista después de la muerte de Josué.
B. **Prólogo B (2,6–3,6).** Dedicado a narrar la apostasía de Israel y presentar la actividad de los Jueces.

II. Historia de los jueces (3,7–16,31)

Dividida entre los llamados jueces mayores y menores:

Jueces mayores	Jueces menores
A. Ciclo de Otoniel (3,7-11)	
B. Ciclo de Aod (3,12–3,30)	
	1. Samgar (3,31)
C. Ciclo de Débora (4–5)	
D. Ciclo de Gedeón (6–8)	
Abimelec (9)	
	2. Tola (10,1-2)
	3. Jair (10,3-5)
E. Ciclo de Jefté (10,6–12,7)	
	4.- Ibzán (12,8-10)
	5.- Elón (12,11-12)
	6.- Abdón (12,13-15)
F. Ciclo de Sansón (13–15)	

En los ciclos de los jueces mayores podemos encontrar la repetición de un mismo ciclo que consta de cuatro partes: **apostasía**, **opresión**, **clamor** y **liberación**. Además, cada uno de los ciclos tiene un comienzo similar, «los hijos de Israel hicieron lo malo ante los ojos de YHWH», y un claro final «la tierra reposó por cierta cantidad de años». El primer ciclo, el de Otoniel (Jue 3,7-11), funciona como paradigma para leer los otros cinco, de los cuales el central es el de Gedeón, en contraste con el relato sobre su hijo Abimelec que se ubica en la parte central del libro.

III. Epílogo (17–21)

> A. **Epílogo A (17-18) Historia sobre la corrupción del culto.**
> B. **Epílogo B (19-21) Historia sobre la corrupción moral de Israel.**

El epílogo del libro es de dos historias muy diferentes a las del centro de este, tan diferentes que algunos han sugerido que no eran parte del plan original del autor. Pero existen elementos retóricos y literarios que permiten creer que existe una coherencia literaria con el resto del libro:

a. Si el prólogo se dividía en dos partes, el epílogo también lo hace, para darle un sentido estético de balance.

b. La repetición de Judá en estos capítulos (17,7.8.9; 18,12.20; 19,1.2.18) recuerda la prominencia que tiene Judá en el prólogo (1,1-19).

c. Las historias parecen resumir la situación caótica en la que ha caído Israel, mientras en los ciclos de los jueces se repite la frase «los israelitas hicieron lo malo ante los ojos de YHWH», en estos capítulos se usa «cada uno hacía lo que le parecía a sus propios ojos» (17,6 y 2,25).

Características literarias y teológicas

Narración

El redactor del libro de Jueces no busca crear un tratado teológico, por lo que todo intento de sistematizar su teología se debería hacer con cuidado para no imponer dogmas teológicos externos a las ideas del autor.

Esto no quiere decir que no exista teología dentro del libro, sino que solamente se puede acceder a ella a través del mundo narrativo y del entendimiento de los diferentes géneros que acompañan la narración.

Ironía

Un rasgo del libro de Jueces es el uso de la ironía como recurso literario en la transmisión del mensaje, que se manifiesta por la contradicción entre expectativas y realidad. Mencionaré solo algunos ejemplos para hacerlo más claro:

- La negativa de Barac de ir a la batalla si no lo acompaña Débora (Jue 4,8) solamente podía causar risas en una sociedad en la que la mujer apenas tenía valor en sus labores domésticas y nunca como guerrera militar.
- De todas maneras, no es Barac el que termina con Sísara, sino Jael, otra mujer (Jue 4,21).
- Gedeón se niega a ser rey (Jue 8,23), pero le pone el nombre Abimelec a su hijo, que significa «mi padre es rey» (8,31).
- El levita de Jueces menosprecia la ciudad de los jebuseos por ser de extranjeros, pero no encuentra acogimiento entre los israelitas (Jue 19,10-15).

Teología Deuteronomista

Ya he mencionado con anterioridad que la mayoría de los eruditos han estudiado el libro de Jueces dentro de la historia deuteronomista, por lo tanto, los temas teológicos pertenecientes a esta escuela recorren todo el libro:

- **La tierra**. La tierra como promesa de Dios es central en el libro. Sin embargo, la posesión no es inmediata ni automática, sino que tiene que ser obtenida mediante la conquista.
- **Fidelidad al pacto**. La promesa de la tierra no es incondicional, sino que depende de que el pueblo sea fiel al pacto con Dios.
- **Castigo**. La opresión y el exilio son consecuencias de la desobediencia del pueblo. Aunque el libro de Jueces no hable directamente sobre el exilio, se puede sentir los dolores de un pueblo que conoce la opresión de los grandes imperios.
- **Monoteísmo**. La fidelidad a Dios se ve desafiada por los cultos presentes en los pueblos no expulsados de la tierra; especialmente mencionado es el culto a Baal.
- **Misericordia de Dios**. A pesar de las múltiples fallas del pueblo, la obra deuteronomista insiste en la posibilidad de encontrar la misericordia de Dios mediante el arrepentimiento sincero.
- **Centralidad del templo de Jerusalén**. Si bien no es mencionado en el texto, pues en la época en que se ubica la narración todavía no existía el templo en Jerusalén, la constante repetición y reprimenda a los cultos cananeos nos hace pensar en la conocida polémica deuteronomista sobre la centralidad y exclusividad de la adoración a YHWH en Jerusalén.

Monarquía

Por la repetición de la frase «en aquellos días no había rey en Israel; cada uno hacía lo que bien le parecía» (Jue 17,6;18,1;19,1;21,5), mucho se ha hablado del libro de Jueces como un libro promonarquía. Sin embargo, habrá que matizar esta afirmación (véase capítulo 4 de este libro).

Por lo pronto, vale decir que la narrativa presente en el libro de Jueces nos presenta a un Dios presente en los movimientos histórico-sociales de su pueblo evitando sacralizar una forma de organización social y política particular.

TEMAS PROBLEMÁTICOS DEL LIBRO

El libro de Jueces está lleno de textos que pueden (¡deberían!) herir la sensibilidad del lector moderno. Por lo tanto, hay que tratarlos con mucha sabiduría en el momento de leerlos, predicarlos y aplicarlos a la vida.

Guerras santas

Aunque se podría argumentar que no existe un concepto como tal de «guerra santa» en la Biblia hebrea, me parece que es evidente que, desde el inicio del libro de Jueces, como continuación del libro de Josué, se culpa al pueblo de la crisis que está viviendo por no haber expulsado o eliminado por completo a los habitantes originales de la tierra del Levante.

Creo que no es necesario advertir que estos textos no deberían justificar la ocupación de ninguna tierra mediante la eliminación y expulsión forzada de los pueblos nativos, pero dada la historia antigua y reciente estoy obligado a advertir que una hermenéutica responsable no cierra los ojos a estos textos, pero los contextualiza y actualiza para que denuncien este uso de la Biblia.

Los trabajos de biblistas dedicados a la hermenéutica poscolonial, como M. Dube, F. Segovia y R. S. Sugirtharajah, son de gran utilidad para abordar este tipo de textos.

Violencia machista

Aunque es uno de los libros de la Biblia que da más protagonismo a las mujeres, el libro de los Jueces no escapa a los problemas de su tiempo y en ocasiones cuenta episodios de violencia machista como feminicidios y violaciones sin hacer una denuncia consistente contra ellos.

Como ejemplos de estos episodios, se pueden mencionar el sacrificio de la hija de Jefté (Jue 11), la violación grupal de la concubina del levita (Jue 19) o los matrimonios por rapto de los benjamitas (Jue 21).

De nuevo, es importante que una hermenéutica responsable sepa contextualizar y denunciar la violencia detrás de estos textos. El avance en los estudios de género y su aplicación a la interpretación bíblica por biblistas feministas como M. G. Bachman y Elsa Tamez es muy valioso al tratar sobre este tipo de textos.

BIBLIOGRAFÍA RECOMENDADA

- HOJMAN, A., «*Recuerda y vivirás». Una introducción panorámica y temática a la historia deuteronomista*, Verbo Divino, Estella 2023.

  Si te quedaron dudas sobre la historia deuteronomista y su teología, el libro de Andrea Hojman es la mejor opción que existe hoy para introducirte en el tema. Ella usa su rigor científico para la investigación y su capacidad pedagógica para enseñar temas complicados de una manera accesible.

- TAMEZ, E., «Lectura latinoamericana y caribeña de la Biblia y lectura poscolonial de la Biblia: una comparación crítica», *Revista Bíblica* 82/1-2 (2020) 167-188.

  Si te quedaste con ganas de conocer más sobre la lectura poscolonial de la Biblia, en este artículo de la *Revista Bíblica* de la Asociación Bíblica Argentina, la biblista mexicana Elsa Tamez realiza una pequeña introducción y comparación de las lecturas poscoloniales con las lecturas latinoamericanas y caribeñas. Este artículo se encuentra disponible con libre acceso en la web de la *Revista Bíblica*: www.revistabiblica.com

- SICRE DÍAZ, J. L., *Jueces*, Verbo Divino, Estella 2018.

  El comentario de José Luis Sicre Díaz sobre el libro de Jueces es una obra majestuosa en profundidad, quizá el comentario más completo sobre el libro disponible en castellano. Fiel a su estilo, el autor intenta mantener un lenguaje al alcance de todos, sin embargo, quizá a un lector sin experiencia en estudios bíblicos le pueda parecer demasiado técnico. Recomiendo su lectura para aquellos que han cursado o cursan estudios de Biblia y para docentes de la Biblia hebrea.

- ABADIE, P., *El libro de los Jueces*, Verbo Divino, Estella 2005.

  Perteneciente a la serie de «Cuadernos Bíblicos» (125), se trata de una introducción accesible al libro de los Jueces. En cuanto a la redacción del texto sigue la teoría de un primer «Libro de los salvadores», una primera redacción predeuteronomista durante el reinado de Josías y dos redacciones deuteronomistas en el exilio y al regreso de este.

CAPÍTULO 2

JUECES 9. EL CICLO DE ABIMELEC

En este capítulo me centraré en los datos que la exégesis nos aporte específicamente sobre el capítulo 9 del libro, el ciclo de Abimelec.

La idea de estudiar un pasaje particular de un texto bíblico no debería parecerse a una operación quirúrgica en la cual se extirpa un órgano para estudiarlo aislado del resto del cuerpo. Si no, más bien al estudio en profundidad de ese mismo órgano dentro de sus funciones y relaciones con el resto de los órganos que componen el cuerpo humano.

Por eso, mi intención en este capítulo no es olvidarme de que Jueces 9 pertenece a un cuerpo entero conformado por otros veinte capítulos, sino mostrar el funcionamiento del texto en el contexto literario del libro de Jueces y de la Biblia hebrea.

LA HISTORIA

Me interesa contar rápidamente la historia de Abimelec contenida en el capítulo 9 de Jueces. Sin embargo, siempre es recomendable que leas tú mismo el texto en tu Biblia. Incluso es preferible que lo hagas comparando más de una versión. Personalmente te recomiendo la traducción de la Biblia de Jerusalén, la Biblia de las Américas y la Nueva Traducción Viviente.

La historia de Abimelec en realidad no comienza en el capítulo 9 del libro de Jueces, sino unos cuantos versículos antes.

En 8,30-31 se dice: «Y tuvo Gedeón setenta hijos, que fueron sus descendientes, porque tuvo muchas mujeres. Y su concubina que estaba en Siquem también le dio un hijo y le puso por nombre Abimelec».

Fíjate cómo, aún antes del capítulo 9, Abimelec ya ha sido presentado como un otro con respecto al resto de sus hermanos, tanto por la condición social de su madre, como por romper el simbolismo del número 70, el número de la perfección. Volveremos a esto en el siguiente capítulo.

En Jueces 9, Abimelec, ya adulto, viaja a Siquem. Allí, con un discurso persuasivo (que se analizará en el capítulo siguiente), convence a los señores de Siquem de apoyarlo para tomar el poder de la región en lugar de sus setenta hermanos.

Los señores de Siquem deciden que es buena idea apoyarlo y le dan dinero sacado del templo de Baal-Berit (Señor del Pacto) con el cual contrata a algunos hombres «vacíos» con los que regresa a Ofra, la ciudad de su padre, para asesinar a todos sus hermanos: los setenta en una misma piedra.

Sorpresivamente, Jotam, el menor, sobrevive escondiéndose y, al enterarse de que los señores de Siquem han nombrado rey a Abimelec, sube a la cumbre del monte Gerizim para dirigirles unas palabras de juicio, las cuales analizaremos más en detalle en el capítulo 4.

Y reinó Abimelec por tres años sobre Israel.

Después de los tres años, Dios, en la única participación que tiene en todo el capítulo, envía un espíritu malo entre Abimelec y los hombres de Siquem, los cuales se levantan contra Abimelec, poniendo en las cumbres de los montes ladrones que robaban a todos los que pasaban.

Y entonces, llega a Siquem un hombre llamado Gaal, el cual, en medio de unas celebraciones dentro del templo de sus dioses, comienza a arengar al pueblo en contra del liderazgo de Abimelec.

Esto no le gusta a Zebul, el gobernador de la ciudad, quien a escondidas envía mensajeros a Abimelec con un plan para tenderle una trampa a Gaal y sus seguidores.

Cuando llega la mañana, Abimelec está con sus hombres listo para tender una emboscada y, después de un diálogo salpicado de ironía con Zebul, Gaal sale a luchar contra Abimelec cayendo en su trampa. Tras perder la batalla, es expulsado junto con su hermano de la ciudad de Siquem mientras Abimelec se queda en Aruma, lugar en donde tiene su residencia.

Al día siguiente, el pueblo de Siquem vuelve a salir al campo y Abimelec los ataca hasta llegar a las puertas de la ciudad matando a todos los que quedaban en el campo. Abimelec asola la ciudad y simbólicamente la siembra con sal.

Al escuchar lo que estaba sucediendo, los señores (baales) de Siquem, se refugian en la fortaleza del templo del dios Berit, lugar al que Abimelec decide prender fuego asesinando a todos los que se encontraban allí.

Por si fuera poco, Abimelec decide arremeter también contra la ciudad de Tebes, en donde la gente se había refugiado en una torre fortificada en medio de la ciudad. Abimelec decide seguir la misma estrategia que había utilizado en Siquem, pero, al acercarse a la torre para prenderle fuego, una mujer anónima deja caer una piedra de molino sobre su cabeza partiéndole el cráneo y dejándolo agonizante.

Al no querer morir a manos de una mujer, lo cual sería vergonzoso para su reputación, Abimelec pide a su escudero que lo mate con su espada y así se consuma la muerte del protagonista del capítulo 9.

El capítulo cierra con los israelitas volviendo cada uno a su casa y una nota del redactor deuteronomista atribuyendo al plan de Dios la muerte de Abimelec y de los siquemitas, y recordando que así se cumple la maldición que había profetizado Jotam, el hermano menor de Abimelec.

Coherencia, capas redaccionales y estructura

Si lees atentamente el texto, podrás notar algunas interrupciones extrañas en la secuencia de acontecimientos. En el método de la crítica literaria a esto se le llama falta de coherencia interna y suele ser señal de la presencia de diferentes tradiciones literarias en un mismo texto. Examinemos más a detalle esta afirmación:

- El versículo 8,31 presenta a Abimelec como hijo de Gedeón, mientras que en todo el capítulo 9 siempre se le llama por el nombre de Jerubaal. Para la mayoría de los eruditos esto se debe a que se trata de un versículo agregado posteriormente para unir dos tradiciones anteriormente separadas: la de Abimelec, hijo de Jerubaal, y la de Gedeón.

- La mención de Israel en el versículo 22 «y gobernó sobre Israel tres años» y en el versículo 55 «y vieron los hombres de Israel que murió Abimelec...», agregan una visión «panisraelita» a una historia local. Toma tradiciones que originalmente pertenecían a una tribu y región y que se las apropia para Israel.

- El versículo 24 «para que viniera la violencia de los setenta hijos de Jerubaal y su sangre fuera puesta sobre Abimelec el hermano de ellos que los asesinó y sobre los señores de Siquem que fortalecieron sus manos para que asesinara a sus hermanos» y el versículo 57b «y vino a ellos la maldición de Jotam, hijo de Jerubaal» son de una fuerte impronta deuteronomista relacionada con la teología de la retribución. Probablemente se trate de un añadido tardío.

- En el versículo 25 la zarza está hablando en primera persona, «vengan a mí y abríguense bajo mi sombra», y, sin ninguna justificación, empieza a hablar en tercera persona «salga fuego de la zarza y devore a los cedros del Líbano». Esto parece corresponder a un dispositivo textual para unir una fábula conocida como el juicio de Jotam a los hombres de Siquem

- El versículo 26 corta con la narración sobre los hombres de Siquem poniendo ladrones en las cumbres de los montes y empieza a contar, abruptamente, la historia de Gaal y Zebul.

- El versículo 42b parece ser una repetición del versículo 25b.

- En el versículo 45, Abimelec destruye por completo la ciudad de Siquem, mata a todos sus habitantes y la siembra con sal, pero en el versículo 46 se retoma la historia con los habitantes de Siquem escondiéndose en la torre donde son destruidos por el fuego. Los versículos del 46 al 50 parecen ser la manera en que el redactor hace cumplir en la historia la profecía de Jotam sobre los señores de Siquem.

- No se explica por qué Abimelec ataca a Tebes. De hecho, la ciudad no se menciona en la Biblia hebrea.

Este tipo de falta de coherencia dentro de un texto, que por cierto es muy común dentro de la Biblia hebrea, hace que sea muy difícil hablar de un solo redactor. Esto ayuda a pensar sobre posibles capas redaccionales; varios momentos en que se redactaron algunas partes del texto.

Para explicarte mejor lo que son las capas redaccionales, imagina una pared pintada de diferentes colores durante varios años en una casa donde siempre ha habido niños con pasión por los crayones y las paredes.

Después de un tiempo sin cuidarla, la pared empieza a perder sus colores por la humedad de la ciudad y aparecen las obras de arte infantiles acumuladas a través de los años. ¿Cómo saber a qué niña o niño pertenece cada rayón? La manera más sencilla sería tener un registro sobre qué color estaba pintada la pared en la infancia de cada uno. Entonces, dependiendo del color sobre el que aparezca una rayadura, sabremos quién fue artista que la dibujó.

Algo así son las capas redaccionales. Cuando uno examina de cerca un texto, se observa que, en la pared, agrietada por el tiempo, se pueden apreciar diferentes colores. La función del exégeta es definir en qué época apareció cada color y por qué.

Además, el conocer que existen varias capas redaccionales (colores en la pared) apoya la postura de la existencia previa de elementos escritos antes de la redacción del texto final, pues, si no fuera así y el redactor final hubiera estado escribiendo todo desde su imaginación, no existirían estas grietas de colores.

Sería muy largo y poco útil para el objetivo de este libro intentar descifrar y definir todas las capas redaccionales de Jueces 9. Sin embargo, es necesario notar que, dado los datos anteriormente mencionados, se han propuesto al menos tres capas pertenecientes a tres tradiciones diferentes presentes en el texto:

1. La tradición más antigua, que probablemente se podría remontar hasta el ya mencionado «Libro de los salvadores», estaría presente en los versículos del 26 al 41, es decir, la historia de Abimelec, Gaal y Zubal. En esta historia, perteneciente a las tradiciones de héroes locales, Abimelec aparece como una especie de guerrero o líder de una confederación de tribus que evita una revuelta en Siquem venciendo a Gaal. Interesantemente en estos versículos Abimelec no aparece como el asesino a sangre fría que lo caracteriza en los demás versículos; incluso el castigo a Gaal y su hermano es simplemente expulsarlo de la ciudad de Siquem y no se menciona ninguna muerte, solamente heridos.

2. El primer relato, probablemente perteneciente a las tradiciones del reino del norte, más adelante es enmarcado por el relato en que Abimelec aparece como un asesino hambriento de poder y venganza, el cual pertenece a los versículos 1-6; 22-25; 42-45 y 50-54. En este relato se enfatiza lo negativo de Abimelec y de la ciudad de Siquem, por lo cual da la sensación de haber sido escrito en una etapa de conflicto del sur con el norte.

3. Por último, aparecería la tradición de Jotam en la que se combina una fábula popular con un oráculo de juicio. Esto estaría presente básicamente del versículo 7 al 21. Además se agrega como cumplimiento de este oráculo los versículos 46-49 y la conclusión en los versículos 56-57. Por las características de la fábula, se cree que se basa en una tradición muy antigua. Sin embargo, al estar barnizada con teología deuteronomista sería la última en agregarse al texto de Jueces 9.

Algunos autores rechazan la presencia de diversas tradiciones dentro del texto y otros eluden las discusiones para concentrarse en el estudio del texto como se nos es presentado canónicamente.

Yo considero importante considerar la existencia de diversas voces dentro de la Biblia hebrea. Hacerlo nos permite entender un poco más cómo la manera de contar una historia cambia con el tiempo y los propósitos del redactor final.

Quiero recalcar una vez más, que el estudio diacrónico del texto, es decir, en cuánto historia de la redacción, no desafía el concepto teológico de revelación (que además pertenece al área de la teología dogmática y no de las ciencias bíblicas), el cual es referido al texto canónico. Sin embargo, sí nos debe desafiar a profundizar más en los ejes históricos, teológicos e ideológicos que hay detrás de los textos.

Con respecto a la utilidad de este tipo de estudios en relación al libro completo de Jueces, la redacción vista en Jueces 9 nos demuestran que hay un esfuerzo deliberado de utilizar tradiciones populares para comunicar un mensaje de carácter deuteronomista.

Pero también es necesario para la comprensión de un texto su estudio sincrónico, pues, aunque ha podido tomar tradiciones diferentes, el redactor final intenta formar un texto con lógica y coherencia que sirva a sus propósitos.

En el caso de nuestro texto, propongo la siguiente estructura:

- Discurso de Abimelec a los siquemitas (1-3)
    - Abimelec asesina a sus hermanos y es nombrado rey (4-6)
        - Discurso de Jotam a los siquemitas (7-21)
            - Abimelec domina 3 años y Dios envía un espíritu malo (22-25)
- Discurso de Gaal a los siquemitas (26-29)
    - Advertido por Zebul, Abimelec pone emboscadas contra Siquem (30-35)
        - Diálogo entre Gaal y Zebul (36-38)
            - Abimelec vence a Gaal en batalla (39-41)
            - Abimelec destruye Siquem (42-45)
                - El fuego de Abimelec quema a los señores de Siquem (46-49)
                - Abimelec muere en Tebes (50-55)
                    - Conclusión teológica (56-57)

Existe una clara correspondencia entre el discurso de Abimelec a los señores de Siquem (1-3) y el de Gaal a los hombres de Siquem (26-19); ambos apelan al orgullo familiar y expresan su ambición de liderar la ciudad.

Después de cada uno de estos discursos, hay una acción que lo continúa, en el caso del de Abimelec, lleva a los hombres a asesinar a sus hermanos y nombrarlo rey (4-6) y, en el caso de Gaal, desata la reacción de Zebul y la acción de Abimelec (30-35)

De manera similar, Jotam y Zebul cumplen funciones paralelas al expresar el juicio ante estas acciones y ridiculizar a los que las realizan: Jotam mediante su fábula y oráculo de juicio directo a los señores de Siquem (7-21) y Zebul mediante su diálogo con Gaal (38-38)

A partir del versículo 39 los discursos y los diálogos dejan de ser los protagonistas del relato y se cuenta las consecuencias de las acciones de Abimelec y de Gaal, en lo que podríamos llamar una estructura de quiasmo:

A. Gaal es vencido (39-41)
   B. La ciudad de Siquem es destruida (42-45)
   B′. Los señores de Siquem son asesinados (46-49)
A′. Abimelec es asesinado (50-55)

Además, la conclusión teológica (56-57) corresponde a la acción de Dios en el 22-25, en la cual, veremos a continuación, se convierte a Abimelec en un «anti juez».

MOTIFS EN JUECES 9

Antes que nada ¿qué es un *motif*? Este término, que los biblistas han tomado prestado de la teoría musical, tiene que ver con un elemento específico que aparece recurrentemente en una obra.

Por ejemplo, en las famosas películas de la *Guerra de las Galaxias*, cuando suena la marcha imperial todos sabemos lo que se aproxima: la aparición del gran villano de la saga, Darth

Vader. Esto se da porque la marcha imperial se convirtió en el *motif*, o *leitmotiv*, que anuncia la aparición de ese personaje.

Ahora imaginemos que en una escena de las películas hay una puerta grande y oscura que se está abriendo, comienza a sonar la marcha imperial y, cuando termina de abrirse y despejarse el humo que siempre acompaña estas escenas, no aparece Darth Vader, sino Chewbacca, el personaje peludo compañero de Harrison Ford en las mejores películas de la saga. Esto nos causaría una conmoción tan grande que nos llevaría a preguntarnos qué quiso comunicar el director a través de esa novedad.

Algo así sucede también en la Biblia, existen elementos que son recurrentes en diversas narrativas, como la constante aparición del agua en la vida de Moisés, o de las piedras en la vida de Jacob, o del fuego en la historia de Sansón. Encontrar *motifs* en el texto permite conocer sus relaciones con otros textos, ya sea del mismo libro o de otros libros de la Biblia.

El Espíritu de YHWH

Un *motif* recurrente en el libro de Jueces es el «Espíritu de YHWH» viniendo sobre diferentes personajes:

- **Otoniel.** «Y el Espíritu de YHWH vino sobre él, y juzgó a Israel, y salió a batalla, y Jehová entregó en su mano a Cusan-risataim, rey de Siria, y prevaleció su mano contra Cusan-risataim» (Jue 3,10).
- **Gedeón.** «Entonces el Espíritu de YHWH vino sobre Gedeón, y cuando este tocó el cuerno, los abiezeritas se reunieron con él» (Jue 6,34).
- **Jefté.** «Y el Espíritu de YHWH vino sobre Jefté...» (Jue 11,29a).
- **Sansón.** «Y el Espíritu de YWHW vino sobre Sansón, quien despedazó al león como quien despedaza un cabrito...» (Jue 14,6); «Y el Espíritu de YHWH vino sobre él, y descendió a Ascalón y mató a treinta hombres de ellos...» (Jue 14,19); «... Pero el Espíritu de YWHW vino sobre él, y las cuerdas que estaban en sus brazos se volvieron como lino

quemado con fuego, y las ataduras se cayeron de sus manos» (Jue 15,14).

Y este no es un *motif* exclusivo del libro de Jueces, sino que se repite a través de toda la Biblia: con Saúl (1 Sam 10,10), David (1 Sam 16,13), Azarías (1 Cr 15,1), Jahaziel (1 Cr 20,14) entre otros.

Este *motif* es importante porque nos damos cuenta de que YHWH envía su Espíritu en el libro de Jueces para ayudar a los jueces en la batalla o liberarlos de los enemigos. Asimismo, en el resto de la biblia hebrea lo hace para traer profecía o palabra de ánimo al pueblo.

En el capítulo 9 Dios (nombrado como Elohim y no como YHWH) también envía un espíritu. Sin embargo, después de la marcha imperial no aparece Darth Vader: Dios envía un espíritu para juzgar al protagonista, no para ayudarlo.

El versículo 23, al mencionar el envío de un espíritu maligno de parte de Dios entre Abimelec y los de Siquem, pone en un claro contraste el personaje de Abimelec con el de Gedeón y el resto de los jueces, dejando en claro que su función en el texto no es la misma que la de los demás, sino que, más bien, podría definirse como un «antijuez»

«Por años...»

El hecho de que el redactor de Jueces 9 nos quiera presentar a Abimelec como un «antijuez» también puede ser comprobado por medio de otro *motif* del libro: la repetición constante de los años en que los jueces ejercieron su ministerio.

Los números de años son importantes en Jueces y, como si se tratara del estribillo de una canción, se repiten con casi todos los jueces:

- **Otoniel.** «Y juzgó a Israel [...] y reposó la tierra cuarenta años...» (Jue 3,10-11).
- **Aod.** «Y reposó la tierra ochenta años» (Jue 3,30).
- **Débora.** «Y la tierra reposó cuarenta años» (Jue 5,31).

- **Gedeón.** «y reposó la tierra cuarenta años en los días de Gedeón» (Jue 8,28).
- **Tola.** «Y juzgó a Israel Veintitrés años» (Jue 10,2).
- **Jair.** «Juzgó a Israel veintidós años» (Jue 10,3).
- **Jefté.** «Y Jefté juzgó a Israel seis años» (Jue 12,7).
- **Ibzán.** «Y juzgó a Israel siete años» (Jue 12,9).
- **Elón Zabulonita.** «... el cual juzgó a Israel diez años» (Jue 12,11).
- **Abdón.** «Y juzgó a Israel ocho años» (Jue 12,12)
- **Sansón.** «Y él juzgó a Israel veinte años» (Jue 16,31)

La fórmula «reposó la tierra cierta cantidad de años» cierra el ciclo de los primeros cuatro jueces. A partir de Tola se convierte en la fórmula: «y juzgó a Israel cierta cantidad de años» para cerrar el ciclo de los siguientes siete jueces. De todos los jueces solamente en el caso de Samgar (Jue 3,31) no se utiliza ninguna fórmula de conteo de años.

En el caso de Abimelec, sí existe una fórmula de conteo de años, lo cual nos permite relacionarlo con los demás jueces. Sin embargo, se diferencia en tanto la ubicación es diferente, pues aparece casi a mitad del ciclo, y la composición, que es completamente diversa «Después que Abimelec hubiera dominado sobre Israel tres años» (9,22).

Más que a la fórmula que cierra el ciclo de todos los jueces, la fórmula en el caso de Abimelec es más parecida a la que se da a los opresores del pueblo de Israel:

- «Y sirvieron los hijos de Israel a Cusan-risataim ocho años» (Jue 3,8c).
- «Y sirvieron los hijos de Israel a Eglón rey de los moabitas dieciocho años» (Jue 3,14).
- «y [Jabín, rey de Canaán] había oprimido con crueldad a los hijos de Israel por veinte años» (Jue 4,3c).
- «Y YHWH los entregó en mano de Madián por siete años» (Jue 6,1b)
- «Los cuales (los filisteos) oprimieron y quebrantaron a los hijos de Israel en aquel tiempo dieciocho años» (Jue 10,8a).

- «Y YHWH los entregó a los filisteos por cuarenta años» (Jue 13,1b).

Es interesante notar que, aun comparándolo con los años mencionados para los opresores, el dominio de Abimelec sobre Israel es el de menor duración. No creo que se trate de una coincidencia, sino de un elemento retórico que utiliza el redactor para desacreditar todavía más al personaje, el cual no llega ni siquiera a ser un buen enemigo de Israel.

Siquem

Para un lector ávido de la Biblia, la ciudad de Siquem no debería pasar desapercibida, pues, tanto el texto bíblico como los descubrimientos arqueológicos la han develado como una de las ciudades más importantes de la Antigüedad en el Levante.

Por su aparición en momentos claves, la ciudad de Siquem puede ser considerada en sí misma un *motif* bíblico:

- Es el primer lugar en el que Dios habla a Abram y le promete la tierra (Gn 12,6-7).
- Jacob construye un altar cerca de ella (Gn 33,18-20).
- Está relacionada con la historia de la violación de Dina y sus consecuencias trágicas (Gn 34).
- Es el lugar del discurso de despedida de Josué en el cual se ratifica el pacto del pueblo con Dios (Jos 24,1-28).
- Ahí mismo son enterrados los huesos de José (Jos 24,32).
- Es la primera capital del reino del norte (1 Re 12,1-25).

Como podemos ver, existe una ambivalencia bíblica en el valor que se le da a la ciudad de Siquem: lugar de grandes acontecimientos sagrados para el pueblo de Israel, pero también símbolo de la división del reino y de la idolatría.

En Jueces 9 la ambivalencia desaparece del todo, pues desde el inicio se relaciona la ciudad con los baales, templos de dioses paganos y lugares de adoración no oficiales. Además, Abimelec la destruye no una, sino en dos ocasiones (ver arriba la sección sobre las capas redaccionales).

Por si fuera poco, el narrador es lapidario al utilizar la frase «y la sembró de sal», pues esto, más que interpretarse literalmente, nos habla de la destrucción de una ciudad a tal grado que ya no puede dar frutos ni ser habitada en un futuro.

El descrédito tan fuerte que hace el texto sobre la ciudad de Siquem nos permite sospechar que, en el momento de la redacción final, estaba en activo alguna polémica en contra de esta ciudad y sus habitantes.

Históricamente me gustaría sugerir la época persa tardía como el tiempo más propicio para este tipo de conflicto, ya que, con la reconstrucción del segundo templo de Jerusalén por parte de los recién llegados del exilio, este se convierte automáticamente en competencia, no solo religiosa, sino también administrativa, del importante templo que se encontraba en la cima del monte Gerizim, en la ciudad de Siquem. Recuerda que justamente uno de los puntos centrales de la teología deuteronomista es la exclusividad del templo de Jerusalén para la adoración a YHWH.

Este conflicto se agravó mucho más en la época de los macabeos en la que Juan Hircano, alrededor del año 110 a .C., destruye el templo del monte Gerizim y reduce la importante ciudad de Siquem al tamaño de una pequeña aldea, lo cual acarreó la enemistad entre judíos y samaritanos que podemos ver incluso en el Nuevo Testamento.

Estos datos nos pueden proporcionar una pista sobre la datación final del texto en cuestión, ubicándola entre el siglo IV a. C. (época persa tardía) y el siglo III a. C. (época helénica temprana).

GÉNEROS LITERARIOS

Imagínate que te invito a ir al cine. Si te caigo bien, lo primero que me vas a preguntar antes de aceptar es: «¿qué película vamos a ver?», y, si mi respuesta es un título que no conoces, probablemente me preguntaras «¿de qué se trata?» y yo te comentaré, entre otras cosas, a qué género pertenece.

Ahora, piensa que te digo que es una película de acción y aceptas ir porque te gustan ese tipo de películas. Sin embargo, durante las dos horas que dura la película no hay ninguna persecución, ningún tiroteo, nada de explosiones, peleas ni acrobacias; eso sí, en la sala todos se están riendo como nunca, la película es muy, pero muy divertida.

Quizá te llevé a ver la película más chistosa de toda la historia, ¡pero tú esperabas una película de acción!, así que tienes todo el derecho del mundo a sentirte engañado y decepcionado y, a lo mejor, hasta te tengo que invitar la cena para contentarte.

Un género, ya sea de una película o de un libro, es una categoría que clasifica obras literarias basándose en características comunes y nos ayuda a comprender mejor lo que como público podemos y debemos esperar. ¡Nadie debería esperar aprender historia viendo películas de ciencia ficción!

Eso es lo que pasa con la Biblia, muchas veces, al no considerar los géneros presentes en cada texto, no sabemos qué podemos esperar y esperamos cosas equivocadas. Por ejemplo, si esperamos que un relato mitológico como la creación en Génesis nos sirva como un tratado científico de los orígenes del universo, probablemente nos vamos a decepcionar.

Y ya que existen varias capas redaccionales en el texto de Jueces 9, es muy probable que también existan diversos géneros. Hagamos un breve repaso de algunos de ellos.

La fábula de Jotam

Una fábula es una narración breve de ficción que contiene una moraleja, en la cual los personajes suelen ser animales o plantas. Recuerda las famosas fábulas de Esopo que te contaban de niño.

La primera parte del discurso de Jotam (Jue 9,8-15) hace uso de este género literario. Se trata, probablemente, de la fábula más antigua que existe en el texto bíblico, ya que, siendo un género de fácil transmisión oral, su invención puede remontarse a muchos años atrás.

¿Qué se puede esperar de una fábula? Una moraleja, una enseñanza moral que pretende ser universal y puede ajustarse a ser utilizada en diferentes momentos.

En este caso, la parábola constituía una ironía universal sobre los inútiles que desean el poder, pero en el contexto de Jueces 9 se convierte en una crítica directa al liderazgo de Abimelec.

Oráculo de Juicio

La forma en la que se dirige Jotam a los señores de Siquem recuerda mucho a los oráculos de juicio, comúnmente relacionados con los profetas de Israel, hacia ciertos individuos, naciones o grupos corporativos.

Estos oráculos de juicio amplían la estructura básica de «razón y anuncio» de las profecías de la siguiente manera:

Introducción: «Escúchenme, Señores de Siquem, y así Dios los escuche a ustedes» (Jue 9,7c).

Razón	**Acusación:** «Pero ustedes se levantaron hoy contra la casa de mi padre, y mataron a sus hijos, setenta hombres sobre una misma piedra, e hicieron rey a Abimelec, hijo de su sierva, porque es su hermano» (Jue 9,18).
	Desarrollo de la acusación: fábula (Jue 9,8-15).
Fórmula del mensajero	«Ahora bien, si con verdad e integridad han procedido hoy...» (Jue 9,16.19).
Anuncio	**Intervención de Dios:** no se menciona en las palabras de Jotam, se ve en el versículo 23)
	Resultado de la intervención: «salga fuego de Abimelec y consuma a los señores de Siquem y a la casa de Milo y salga fuego de los señores de Siquem y de la casa de Milo y consuma a Abimelec» (Jue 9,20).

Si bien no existe una correspondencia exacta con las estructuras de los profetas clásicos y tampoco existen profetas como tal en el libro de Jueces, el final del versículo 57 «y vino sobre ellos la maldición de Jotam, hijo de Jerubaal», no deja lugar a dudas de la intención del redactor de que las palabras de Jotam sea identificadas como un oráculo de juicio.

Para la interpretación del texto, la identificación de las palabras de Jotam con un oráculo de juicio importa en tanto este tipo de oráculos en la historia deuteronomista son utilizados en contra de los reyes en particular. Así que este oráculo funciona ya como un adelanto de lo que será el enfrentamiento entre los profetas y los reyes que hacen lo malo ante los ojos de YHWH en la historia de Israel.

Abimelec, héroe tribal

¿Y si te digo que Abimelec no siempre fue visto como un personaje malvado? Ya te he contado que probablemente la capa redaccional más antigua presente en el texto pertenece a los versículos 26 al 41, que narran la historia del conflicto entre Gaal, Zebul y Abimelec.

¿A qué género pertenece este relato? Sugiero que forme parte de lo que llamaré «tradición de héroe tribal», lo que sería un relato mítico sobre las hazañas de un héroe local, ¡algo así como un Pancho Villa de Siquem!

Este es el tipo de relatos que pertenecían al «Libro de los salvadores» del que ya te he hablado antes, propuesto por Wolfgang Richter como una recopilación de relatos de héroes formada durante el reinado de Jehu, en el reino del norte.

Estos relatos seguían un carácter cíclico: opresión-clamor-liberación, el cual también es seguido, si bien no de manera tan clara dadas las posibles modificaciones que sufrió la tradición en sus múltiples redacciones, por el relato de Abimelec y Gaal.

En este relato, Gaal aparecería como el enemigo que llega a provocar un levantamiento contra Abimelec en la ciudad de Siquem, Zebul representa el clamor del pueblo que llega hasta

Abimelec y este, como un héroe forajido, aparece para evitar la revuelta y echar al enemigo de la ciudad.

Como también ya he mencionado antes, en estos versículos no hay rastro del Abimelec sanguinario y vengativo, pues no existe registro de ningún asesinato y, más bien, parecería ser un líder querido al menos por Zebul, el gobernador de la ciudad.

Los nombres en esta historia también tienen un gran valor simbólico, pues el nombre de Gaal, que se intenta levantar contra Abimelec, significa «repugnancia» o «asco», mientras el nombre de Zebul, oficial que notifica a Abimelec del peligro de Gaal, puede significar «honorable».

Por lo tanto, en este relato Abimelec vence a lo repugnante para ayudar a lo honorable. ¿Era Abimelec un héroe tribal reconocido en la ciudad de Siquem? La supervivencia de esta tradición indica que sí y tal vez era tan importante que el redactor final de Jueces decide utilizarlo para hacerlo uno de los mayores antagonistas del libro.

Abimelec, el «antijuez»

Viéndolos por separado, la fábula de Jotam podría ser aplicada contra casi cualquier líder en cualquier otro contexto y la saga de Abimelec y Gaal podría tratarse de una historia local sobre un héroe recordado por el pueblo de la ciudad. Sin embargo, cuando estudiamos el capítulo 9 completo, e integrado con el resto del libro de los Jueces, Abimelec se convierte en una figura completamente negativa.

El redactor final del libro lo logra tanto ubicando la historia como contrapeso de la saga de Gedeón, como agregando el marco contextual sobre la manera en que Abimelec se hace con el poder asesinando a sus setenta hermanos sobre una sola piedra.

A través de esta sintaxis de diferentes tradiciones, nos encontramos con una historia construida con un propósito específico: condenar cualquier tipo de liderazgo político y religioso surgido en la ciudad de Siquem, la cual en el contexto histórico funciona como representante de toda la provincia de Samaria.

CONCLUSIONES

La Biblia ha sido comparada, creo que acertadamente, con una mina de diamantes: cuánto más excavamos en ella, podemos encontrar las piedras más preciosas. En este capítulo te he llevado a través de los resultados que he considerado más importantes del trabajo exegético sobre Jueces 9. Mi objetivo es dar una visión profunda de los recursos literarios que utilizó el redactor final del capítulo para comunicar un mensaje específico.

Personalmente, a través del trabajo exegético, cada día estoy más convencido del poder detrás de las historias del texto bíblico para provocar transformaciones, no solo espirituales, sino también sociales.

Es valioso reconocer tradiciones antiguas que quedaron un tanto relegadas con la edición final del texto para rescatar la sabiduría y resistencia de pueblos relegados a los márgenes de la historia.

Como creo que ha quedado claro, el personaje de Abimelec funciona en el libro de Jueces como un contrapeso negativo a los demás Jueces (un antijuez). Pero esto no hace que sea menos importante en la revelación y que debamos recuperar la fuerza discursiva de su mensaje, aunque en la mayoría de las ocasiones funcione solo como un mal ejemplo.

En los siguientes capítulos de este libro retomaré temas ya tocados en este y en el anterior, pero lo haré para proponer lecturas actualizadas del texto para nuestras vidas personales y comunitarias.

Antes de continuar, te ofrezco algunas recomendaciones de lectura por si te quedaste con ganas de introducirte más a fondo en algún tema del capítulo.

BIBLIOGRAFÍA RECOMENDADA

• CARBALLOSA, I., *De la fe nace la exégesis. La interpretación de la Escritura a la luz de la historia de la investigación sobre el Antiguo Testamento*, Verbo Divino, Estella 2011.

Ignacio Carballosa ha logrado escribir una obra que se convirtió rápidamente en una lectura obligatoria para todo el que esté interesado en adentrarse a los estudios exegéticos. Te recomiendo leer este libro si eres un estudiante interesado en la exégesis, pero tienes miedo de la famosa frase «el seminario hace perder la fe a los estudiantes». Carballosa nos anima a no perder la fe mientras continuamos con el rigor académico necesario en los estudios bíblicos.

- RIVAS, L., *Diccionario de personas y lugares de la Biblia*, AMICO, Buenos Aires 2010.
- —, *Diccionario para el estudio de la Biblia*, AMICO, Buenos Aires 2010.
- —, *Diccionario de símbolos y figuras de la Biblia*, AMICO, Buenos Aires 2012.

Si eres un lector ocasional de la Biblia y recién te estás introduciendo en los estudios bíblicos, estos pequeños diccionarios preparados por Luis H. Rivas te pueden guiar en tus primeros pasos. Se trata de unas obras muy sencillas no destinadas para académicos, sino para el público en general.

- KRÜGER, R. – CROATTO, J. S. – MÍGUEZ, N. O., *Métodos exegéticos*, Publicaciones Educar, Buenos Aires 1996.

Quizá con este capítulo te hayas quedado con ganas de aprender más en profundidad sobre las diferentes herramientas que tenemos para hacer un estudio exegético. Si este es el caso, te recomiendo este manual que se escribió basándose en las clases de tres de los grandes representantes de la hermenéutica en Latinoamérica: Rene Krüger, Severino Croatto y Néstor Míguez. Aunque se editó en 1996, sigue siendo una buena introducción al trabajo exegético. Pensada para estudiantes de seminario.

SECCIÓN II

ACTUALIZACIÓN HERMENÉUTICA

CAPÍTULO 3

ABIMELEC EN SIQUEM. LA AMBICIÓN EGOÍSTA

Introducción

En la sociedad contemporánea, donde se promueve la idea de que «cualquiera puede lograr lo que se proponga con suficiente esfuerzo», la ambición ha pasado a estar casi en la cima de la escala de valores de un ser humano.

«Tener ambición» es una respuesta frecuente a preguntas como «¿qué buscas en una pareja?», en el contexto de las relaciones románticas, y «¿qué buscas en un empleado», en el ámbito laboral.

Incluso en el ámbito religioso el discurso sobre la ambición encuentra su lugar: recuerdo que hace unos años un pastor me acusaba de no ambicionar reuniones más llenas de personas (y por supuesto de ofrendas) y estar conforme con mi pequeña comunidad de fe.

También a los 18 años, cuando recién entraba al instituto bíblico, todos teníamos la ambición de convertirnos en pastores de iglesias multitudinarias y predicadores de grandes masas que llenaran estadios de fútbol para escuchar la palabra de Dios. ¡Todo sea por la predicación del Evangelio!

Y la ambición por sí misma no es mala en cierta medida. ¡Yo no estaría escribiendo este libro si no tuviera la ambición de ser publicado! Sin embargo, el problema con la ambición egoísta es que no tiene límites y nos puede llevar a cometer acciones en contra de la integridad de los demás.

Aceptémoslo, ni los recursos naturales y económicos, ni los puestos de trabajo y ni siquiera los cargos eclesiales son ilimitados. Si quieres conseguir lo mejor de cualquiera de estos, vas a necesitar pasar por encima de los demás. *Welcome to the jungle!*

El relato de Abimelec es también un relato sobre la ambición egoísta de los hombres y sus trágicas consecuencias para la sociedad. Quizá tu ambición no sea llegar a dominar ningún país, pero, como todos, seguramente tienes tus ambiciones personales.

En este capítulo mi deseo es que, examinando discursivamente el relato de Abimelec, aprendamos que una ambición egoísta surge de una falta de sentido de pertenencia. Esto nos lleva a creer que es legítimo pasar por encima de todos para conseguir lo que deseamos. Si no podemos llamar hermanos a los demás, no podremos nunca construir una sociedad de paz e igualdad.

Abimelec, el otro.

But I'm a creep
I'm a weirdo
What the hell am I doing here?
I don't belong here.
RADIOHEAD

La canción *Creep*, de la banda británica de *rock* alternativo Radiohead, toca las fibras más profundas de la psique humana: la necesidad de pertenecer. «Soy un raro, ¿qué demonios hago aquí? Yo no pertenezco aquí», son frases que definen a alguien que no ha encontrado su lugar en el mundo, se siente apartado de todos y es considerado un peligro para sí y para los demás.

Después de estudiar su historia por tanto tiempo, sinceramente le he tomado un poco de aprecio a Abimelec y no quiero empezar este capítulo simplemente examinando su discurso y sus pecados, sino que quiero dar un pasito atrás: ¿cómo llegó Abimelec a ser lo que fue?

Como ya te he contado, la historia de Abimelec no comienza con él yendo a asesinar a sus hermanos para quedarse con el poder, así como la historia de ningún ladrón o asesino comienza en el momento en que roba y mata, sino mucho antes, durante la infancia.

Si bien, el texto no nos habla directamente de la infancia de Abimelec, sí nos da pistas con las que podemos intuir e imaginar un poco las condiciones en las que creció y que lo llevaron a ser lo que nos cuenta el texto.

La historia de Abimelec, como la de todos nosotros, comienza aún antes de su nacimiento, con la vida de su padre Gedeón. A través de todo el relato, se contrastan sus decisiones y acciones por medio de diversos paralelismos, por ejemplo:

- Gedeón desiste de la oferta que le hacen los israelitas de ser señor sobre ellos (Jue 8,22-23), mientras que Abimelec busca abiertamente convertirse en rey (Jue 9,2).
- Gedeón comienza su ministerio destruyendo una imagen de Baal (Jue 6,25-27); Abimelec realiza sus planes tomando plata del templo de Baal-Berit para contratar hombres que lo ayuden a asesinar sus hermanos (Jue 9,4).
- Gedeón derriba el altar «de noche» (Jue 6,27) igual que Abimelec se levanta «de noche» para tender una emboscada en Siquem (Jue 9,34).
- Gedeón recibe el espíritu de YHWH (Jue 6,34); Dios envía un espíritu malo a Abimelec (Jue 9,23)
- Gedeón tiene muchas esposas (Jue 8,30); de Abimelec no se dice que haya tenido ninguna.
- Gedeón tiene setenta hijos (Jue 8,30); Abimelec no tiene ninguno.
- Gedeón muere anciano y tranquilo (Jue 8,32); Abimelec muere agonizando (Jue 9,54)

Por estos paralelismos, el redactor crea en el lector, que antes había tomado simpatía por el inseguro personaje de Gedeón, antipatía por el personaje de Abimelec, que representa lo contrario al juez que fue su padre.

Pero la construcción del personaje de Abimelec también se da, como ya había señalado en el capítulo anterior, a través de la narración de su nacimiento:

> Y Gedeón tuvo setenta hijos que fueron su descendencia, porque llegó a tener muchas mujeres. Y su concubina en Siquem le dio también un hijo y le puso por nombre Abimelec (Jue 8,30-31).

Como te había pedido que observaras desde el inicio, en esta descripción del nacimiento de Abimelec ya existen elementos en los que Abimelec destaca como una figura negativa:

- En el caso de los setenta hijos, Gedeón aparece como figura activa, «Gedeón tuvo», mientras que, en el caso de Abimelec, Gedeón aparece de manera pasiva «su concubina le dio un hijo». En una sociedad en la que, como examinaremos en el capítulo 5 de este libro, la hombría jugaba un papel muy importante, el que los setenta hijos sean relacionados con Gedeón mientras que Abimelec con su madre quiere decir mucho.
- En segundo lugar, la madre de Gedeón ni siquiera tiene nombre, es simplemente reconocida como «la concubina de Gedeón». Lamentablemente, es más normal de lo que debería que las mujeres en la Biblia sean silenciadas al no mencionar siquiera su nombre. En Jueces 9 las dos mujeres importantes para la vida de Abimelec, su madre y la mujer que termina con su vida, no tienen nombre.
- Además, se le reconoce por su lugar geográfico de referencia, aunque el texto nunca deja muy en claro si los habitantes de Siquem son conocidos como Israelitas o no. Creo que, tanto por la situación histórica como por la forma en que son presentados en el texto, a Abimelec se le da el estatus de «hijo de una extranjera».
- Además de hijo de extranjera, en el discurso de Jotam, queda claro que, para sus hermanos y probablemente para su padre, Abimelec pertenecía a otra clase social, era simplemente «el hijo de la esclava» (Jue 9,23).

- Por otra parte, el mismo significado del nombre, «Mi padre es rey», ya contradice el discurso de Gedeón en 8,23, lo que, por lo menos causa extrañeza al lector atento.
- Por último, y no menos importante, está la simbología del número 70, el cual en la Biblia siempre representa la totalidad y plenitud. En el texto, el número es claramente simbólico ya que, a pesar de haber escapado, Jotam menciona que Abimelec había asesinado a «70 hombres sobre la misma piedra» (Jue 9,18), no a 69. Así, al mencionar que Gedeón había tenido 70 hijos con muchas mujeres, el texto da por plena la descendencia del juez. El nacimiento de Abimelec perturba esa plenitud, llegando a ser el 71.

Con estos datos no pretendo justificar las acciones de Abimelec, sino pensar en las consecuencias que puede acarrear el sentimiento de no tener un grupo de pertenencia que acompañe el crecimiento de alguien. En el caso de Abimelec, el texto lo presenta como un otro. Diferente a sus hermanos por la situación de su madre y diferente de su comunidad por su estatus de extranjero.

¿No es la ambición egoísta solo una forma de conseguir pertenecer al grupo de los ganadores?

Abimelec, el político

En el texto hebreo, las primeras palabras que aparecen en el capítulo 9 de Jueces es: «Y fue». Esto me parece algo importante de recalcar, porque el texto comienza quizá con la primera decisión y acción completamente autónoma de Abimelec: abandonar la casa paterna e ir a buscar el éxito con los parientes de su madre.

Quizá para nosotros, que vivimos en una sociedad que ha avanzado mucho en cuánto equidad de género (aunque todavía hay mucho camino que recorrer), no nos parece tan extraño. Pero, en una sociedad donde los derechos y propiedades se transmiten a través de la línea masculina, esto equivale a una especie de muerte social para Abimelec.

La decisión de Abimelec de abandonar la casa paterna para ir con los familiares de su madre es, entonces, una decisión arriesgada, una apuesta de todo lo que tenía y una renuncia a cualquier derecho que le diera ser hijo de Gedeón, lo cual nos habla de una decisión que no pudo haber sido tomada a la ligera.

Sin embargo, Abimelec mueve muy bien sus fichas y sabe convencer, a través de un discurso digno de cualquier político, a la familia de su madre y a los señores de Siquem de darle su apoyo. Me gustaría entonces que nos pudiéramos concentrar en las palabras de Abimelec y ver las herramientas retóricas que utiliza para conseguir sus propósitos:

El discurso consta de un solo versículo (Jue 9,2) y vale la pena examinarlo desde su estructura:

> Digan a los oídos de todos los señores de Siquem: ¿Qué es lo mejor para ustedes, que gobiernen sobre ustedes setenta hombres, todos hijos de Jerubaal o que gobierne sobre ustedes un solo hombre? Recuerden que yo soy hueso y carne suya.

Al examinar el discurso de Abimelec desde la retórica semita, se puede encontrar una estructura simple:

Cuestionamiento: ¿Qué es mejor para ustedes?
    Opción 1: ¿Que los gobiernen setenta hombres?
        Complemento: Todos hijos de Jerubaal.
    Opción 2: ¿Que los gobierne un solo hombre?
        Complemento: Recuerden que yo soy hueso y carne suya.

El texto da por supuestos datos de los que no se nos informa, como, por ejemplo: ¿por qué gobernaban los hijos de Jerubaal?, ¿quiénes habitaban en Ofra, en la ciudad de Siquem?, ¿acaso, a pesar de su negativa, la descendencia de Gedeón se convirtió en una especie de dinastía?, ¿de qué tipo de gobierno se está hablando?

Diversos autores, haciendo uso de la antropología social, han visto en el relato de Jueces 9 el avance de una organización social de tribus a otra de jefaturas secundarias complejas. ¿Qué es una jefatura? Es una forma de organización política que implica alianzas permanentes entre tribus y aldeas bajo el liderazgo de un jefe supremo. Es en esta forma de organización política que surgen los sistemas de rangos sociales hereditarios y la estratificación económica.

Desde este punto de vista, se entiende el ofrecimiento de Abimelec a los señores de Siquem: ayudándolo a él a convertirse en jefe supremo, ellos podrían ser los subjefes de Siquem y de las regiones aledañas. También se entenderá la posición de Zebul más adelante en el capítulo.

Pero volvamos al discurso de Abimelec en el cual se tratan dos argumentos: la cantidad de jefes y la identidad de estos.

Sobre la cantidad de jefes, se puede entender el argumento de Abimelec desde la lógica: «cuantos menos manden, menos roban», es decir, se trata de una lógica económica. Si hay menos puestos de liderazgo, son menos los que van a vivir del trabajo de los demás. Abimelec no desarrolla la manera en que estos llevaban a cabo su liderazgo ni en el peligro de que un liderazgo único se convierta en una dictadura tiránica; por lo tanto, es un argumento incompleto.

En el siguiente argumento, que va sobre la identidad del que debería gobernar, es tan importante lo que Abimelec dice como lo que se calla, ya que él también es uno de los hijos de Jerubaal. Sin embargo, apunta hacia una identificación plena con los señores de Siquem, la cual logra inmediatamente: «... y el corazón de ellos se inclinó a favor de Abimelec; porque decían: Nuestro hermano es» (Jue 9,3b).

Resumiendo:

«¿Qué es mejor para ustedes?» En el cuestionamiento, Abimelec apela a la ambición de los señores de Siquem (no se está dirigiendo a todo el pueblo de Siquem, sino solo a los líderes). No pregunta qué es mejor para la ciudad de Siquem, ni para todos los habitantes que moraban ahí, sino simplemente para estos hombres, a los cuales les puede estar prometiendo posiciones de mayor poder.

«¿Que gobiernen setenta o uno solo?» Solo se pueden hacer conjeturas sobre las formas de organización social en las que está pensando el redactor de la historia. Si pensamos en una jefatura compleja, se puede pensar que, al tener setenta hijos, se ha generado un problema con la descendencia de Gedeón, pues son demasiadas familias a las que hay que rendir cuentas y probablemente pagar un tributo. El argumento es de economía clásica: cuantas más personas vivan del poder, más recursos de los dominados van a consumir.

«¿Todos hijos de Jerubaal o yo, que soy hueso y carne suya?» Abimelec apela al sentimiento de pertenencia que él nunca logró tener en su vida para lograr una identificación emocional en los señores de Siquem. Lo logra.

Para poder entender mejor la retórica de Abimelec y la manera en que está provocando una reacción emocional de los señores de Siquem a su favor, te invito a hacer un ejercicio de autorreflexión: en un mundo globalizado como en el que vivimos, ¿qué hace que te identifiques tanto con un grupo hasta el punto de poder dar la vida por él?

Creo que la mayoría mencionaremos los lazos de sangre familiares, al menos los más cercanos como los padres e hijos. Pero a escala nacional, ¿qué nos hace ser mexicanos, argentinos, españoles o brasileños? ¿Es simplemente nuestro lugar de nacimiento el que determina nuestra pertenencia a tal lugar? ¿O son las prácticas culturales que compartimos con los demás? En realidad, creo yo, son las historias que compartimos las que nos permiten identificarnos con los demás a tal grado de sentirnos parte de un grupo común.

El caso de Abimelec es paradigmático, pues hasta donde sabemos lo único que lo unía con la ciudad de Siquem era su madre, ya que el texto parece dar a entender que no era el lugar donde vivía antes de ser reconocido como jefe, ni donde habitó después (Jue 9,41).

En ningún momento Abimelec entra a un templo para ofrecer sacrificios. El único momento en que se acerca al templo del dios Berit es para quemarlo (Jue 9,46-49).

Por lo tanto, no es su lugar de nacimiento ni sus prácticas rituales, sino el poder de las palabras las que logran que los señores de Siquem acepten a Abimelec como uno de ellos.

Lamentablemente, el tipo de discurso que en menor grado se nos muestra en Abimelec con el tiempo se reprodujo a un grado mayor para crear identidades en común que, a la vez que dan unidad a una sociedad, la definen en contra de las otras diferentes a ella.

El hecho de que el apoyo encontrado por Abimelec se fundamenta simplemente en el discurso, se puede ver cuando se compara con el discurso de Gaal, que logra que el apoyo que había conseguido Abimelec se ponga en su contra:

> ¿Quién es Abimelec, y quién es Siquem, para que nosotros le sirvamos? ¿No es el hijo de Jerubaal y Zebul su ayudante? Sirvan a los hombres de Hamor, padre de Siquem, pero ¿por qué les servimos nosotros? Si este pueblo estuviera en mis manos expulsaría a Abimelec y le diría: Aumenta tus ejércitos y sal (Jue 9,28-29).

En esta secuencia, Gaal parece dirigirse a los hombres de Siquem para incitar una rebelión en contra de Abimelec; de nuevo se hace mediante una retórica cuidadosamente elaborada por el redactor del texto:

> **Pregunta 1:** ¿Quién es Abimelec y Siquem para que le sirvamos?
> **Respuesta 1:** Es el hijo de Jerubaal y Zebul es su ayudante.
> **Desafío 1:** Sirvan a los hombres de Hamor, Padre de Siquem.
> **Pregunta 2:** ¿Por qué les tenemos que servir?
> **Respuesta 2:** Si este pueblo estuviera en mis manos, yo expulsaría a Abimelec.
> **Desafío 2:** y le diría: Aumenta tus ejércitos y sal.

Así como Abimelec hizo al inicio de la narración para hacerse con el poder, Gaal utiliza la misma retórica para conseguir sus propios objetivos políticos: apelar a la identidad de los hombres de Siquem para recibir su apoyo, el cual parece obtener, pues en el versículo 39 se dice que «Salió adelante de los de Siquem, y peleó contra Abimelec».

¿Cuáles son las grandes diferencias entre el discurso de Gaal y Abimelec?

En primer lugar, como si se tratara de un debate como los que estamos acostumbrados a ver previos a las elecciones presidenciales de nuestros países, Gaal encuentra y destruye la fundamentación básica del discurso de Abimelec: ¡Abimelec mismo no es siquemita, sino un hijo más de Jerubaal! Con esto se destruye por completo la identificación familiar de Abimelec con los hombres de Siquem.

La mención de Zebul como su ayudante funciona de la misma manera: «¿cómo van a creer ustedes que Abimelec es verdaderamente de Siquem si ni siquiera vive entre ustedes?, ¿no ven que necesita a un ayudante que sea de Siquem para poder mantener el orden?».

Pero Gaal va más lejos que Abimelec y no apela solo a el sentimiento del vínculo de sangre de la familia, sino a la historia fundacional de la ciudad de Siquem.

Según Génesis 33,19 y Josué 24,32, Hamor es el fundador de la ciudad de Siquem, así que Gaal no apela a una identificación familiar directa con los hombres de Siquem, como lo hizo Abimelec, sino a una identificación mitológica con el fundador de la ciudad.

En el fondo, la discusión está en ¿quién es más siquemita? y la respuesta, en definitiva, no es Abimelec, quien es medio efraimita y medio siquemita, sino Gaal, que se identifica como fiel a las historias fundacionales de la ciudad.

No es casualidad que, incluso hoy, en muchos países, cuando un extranjero quiere obtener la ciudadanía, se le hace un examen que incluye las historias fundacionales del mismo y los mitos culturales más importantes. De nuevo: más que el lugar de nacimiento, la fidelidad a la historia en común es lo que define ser parte de un grupo o no serlo.

Para resumir esta sección me gustaría aclarar que el título «Abimelec, el político» ha sido una elección personal con un toque de ironía, pues el análisis del discurso, tanto de Abimelec como de Gaal, me hace recordar el de la mayoría de los políticos de todos los espectros, quienes apelan a una identificación emocional con la audiencia y la construcción de un enemigo en común para ganar elecciones. ¡Hagamos Siquem grande otra vez!

Sin embargo, creo que este tipo de discursos son repetidos no solamente por políticos, sino que, consciente o inconscientemente, sobre ellos fundamentamos la gran mayoría de nuestras relaciones y a esto quiero volver en la última sección del capítulo.

Pero antes, vamos a ver las consecuencias que tiene el construir los éxitos en base a estos discursos que son motivados por la ambición egoísta individual (tanto Abimelec como Gaal querían ser jefes) y colectiva (los señores de Siquem deciden en función lo que les puede traer mejores resultados a ellos): conflictos, guerras y muertes.

Abimelec, el asesino

Todo discurso es programático, es decir, todo discurso, hablado o escrito, tiene una intención comunicativa: el propósito de causar una reacción específica en la audiencia. Aunque algunos quieren convencerse de lo contrario, no existe discurso que sea inocente de las acciones que provoca.

Hemos analizado la manera en que, tanto Abimelec como Gaal, intentan cumplir sus ambiciones consiguiendo el apoyo de los siquemitas mediante discursos de movilización que apelan al sentimiento identitario de los habitantes de Siquem.

El «éxito» de estos discursos se manifiesta en sus resultados, los cuales son catastróficos para todos,

En primer lugar, tenemos la respuesta de los señores de Siquem a Abimelec:

> Y se inclinó su corazón a favor de Abimelec, porque decían: Nuestro hermano es. Y le dieron setenta monedas de plata del templo de Baal Berit con los que contrató Abimelec hombres vacíos y ociosos que fueron detrás de él (Jue 9,4).

La elección de la palabra «baales» para referirse a los líderes de Siquem no es una casualidad, sino una estrategia narrativa con la que el redactor cada sitúa a Abimelec cada vez más como un antijuez. Ya que, mientras el significado de Jerubaal es «el que contiende con Baal» (Jue 6,32), lo primero que logra Abimelec es que los «baales» contiendan a favor de él.

Además, el apoyo monetario que le dan lo obtienen ni más ni menos que del templo del dios Baal Berit, «el Señor del Pacto», mostrando lo diferente que es Abimelec de un verdadero Israelita que, en la historia deuteronomista, es el que guarda el pacto con YHWH.

Por cierto, tampoco creo que sea casualidad que en todo Jueces 9 nunca se menciona Dios como YHWH, sino que en cada participación se menciona como «Elohim» (Jue 9,7.9.13.23.54), nombre más genérico que no hace referencia al Dios del pacto con Israel en la historia deuteronomista.

Con las monedas del templo de Baal Berit, Abimelec contrata hombres «vacíos y ociosos». Algunos han sugerido que el significado del adjetivo «vacíos» tiene que ver a que son hombres que no muestran lealtad a ninguna tribu ni a ningún líder en particular, sino que solo se mueven por las recompensas que puedan obtener.

Lo anterior tendría sentido en el contexto del relato de Abimelec, quien es en sí mismo una persona «vacía», que tampoco va a mostrar lealtad ni a Israel ni a Siquem a través de la historia: Abimelec contrata hombres sin sentido de pertenencia, hombres movidos solo por la ambición egoísta, como él.

Acompañado de estos hombres, Abimelec vuelve a la casa de su padre en Ofra y comete uno de los crímenes más grandes que hay registrados en la Biblia hebrea: el asesinato de sus setenta hermanos o, mejor dicho, medio hermanos.

La forma en que se describe el asesinato de sus hermanos es muy particular, pues el narrador se encarga de establecer que no fueron los hombres vacíos quienes los asesinaron, sino el propio Abimelec, quien lo hace con su mano, sobre una misma piedra.

Otra vez, el redactor de la historia nos quiere hacer ver más allá de lo literal y volcarnos al mundo de lo simbólico. Un derramamiento de sangre tan brutal y cruel solo nos puede recordar a los efectuados con animales durante los sacrificios en el templo. Abimelec ofrece un sacrificio a su ambición, asesinando a quien se interponga en su camino hacia el dominio total de la región.

El resultado de este sacrificio parece ser el que Abimelec tenía planeado:

> Y se reunieron todos los señores de Siquem y todos los de Bet Miló y fueron e invistieron a Abimelec por rey, cerca de la encina del pilar que estaba en Siquem (Jue 9,6).

A veces, el problema de la ambición egoísta es que justamente obtiene lo que busca: Abimelec se convierte en rey, nombrado tanto por los señores de Siquem como por los habitantes de Bet Milo.

Sin embargo, violencia engendra violencia y en un movimiento casi matemático del redactor del capítulo se hace justicia: así como Abimelec asesinó a sus hermanos sobre una roca, otra roca será la que lo lleve al borde de la muerte al finalizar su historia.

Y es que la historia de Abimelec se ubica dentro del libro de los Jueces y este dentro de la historia deuteronomista en la que el tema de la retribución es muy importante. Así, Dios tiene que actuar para traer justicia ante este tipo de violencia.

Para el redactor de Jueces, no importa que los señores de Siquem hayan decidido nombrar a Abimelec como rey, pues el único que tiene el derecho de nombrar a los reyes es Dios. Por este motivo, solamente tres años después de que Abimelec comience a reinar sobre Israel, Dios decide intervenir enviando un espíritu malo entre Abimelec y los señores de Siquem (Jue 9,23). Y, en esta ocasión, es Abimelec, que había traicionado a su familia paterna, quien es traicionado.

Todo esto viene precedido del largo discurso de Jotam, el cual es tan interesante que dedicaremos el capítulo siguiente a analizarlo plenamente.

Las consecuencias de las decisiones tomadas por una ambición egoísta no son solo personales, sino comunitarias. Si algo le tenemos que agradecer a los redactores del texto bíblico es que nunca romantizan la vida haciéndola pasar como absolutamente justa.

Además, cuando pensamos y rogamos por una intervención de Dios para traer justicia a una situación, solemos esperar una acción milagrosa y sobrenatural para nuestros ojos. El relato de Jueces 9 nos demuestra que muchas veces a Dios le basta con apresurar las consecuencias de las malas decisiones.

En este caso, la figura de Gaal, el repugnante, personifica el «espíritu malo» que envía Dios para traer discordia entre Abimelec y los señores de Siquem. Como ya hemos visto, lo hace primero ganándose su confianza (Jue 9,26) y después con su propio discurso de ambición en el que se gana el apoyo de aquellos que viven en la ciudad de Siquem.

Pero al redactor tampoco le interesa dejar bien parado a alguien que incita a una revuelta. Y si bien, como en el caso de Abimelec, parece haber ganado el apoyo de la gente que sale tras él a la batalla, no lo hace sin antes ser ridiculizado por Zebul, el gobernador de Abimelec en la ciudad.

Zebul aparece para Gaal de la misma manera en que lo hace Jotam para Abimelec: como aquel que pronuncia las palabras de juicio. Es por eso por lo que hay varios paralelismos entre los dos personajes:

- Jotam escapa de Abimelec «escondiéndose»; Zebul envía mensajeros «a escondidas» a Abimelec.
- Jotam reacciona después de que le anuncien la coronación de Abimelec; Zebul reacciona al escuchar las palabras de Gaal.
- Jotam utiliza una fábula en la que se describen objetos de la naturaleza comportándose como hombres; Zebul «acusa» a Gaal de confundir las sombras de la naturaleza con hombres.
- Jotam aparece en el capítulo y desaparece después de su participación (no vuelve a aparecer como personaje hasta después del versículo 21); de igual manera Zebul aparece abruptamente en el versículo 30 y desaparece después del versículo 41

El diálogo de Zebul con Gaal es una muestra perfecta de la maestría que tiene el redactor de Jueces para utilizar la ironía, en este caso para ridiculizar a Gaal:

> Y vio Gaal al pueblo y le dijo a Zebul: Hay gente bajando de la cumbre de los montes. Y le contestó Zebul: Estás viendo las sombras de los montes como si fueran hombres. Volvió Gaal a hablar y dijo: Hay gente que baja de en medio de la tierra y una compañía viene por el camino de la encina de los adivinos. Y Zebul le respondió: ¿Dónde está ahora tu boca con la que decías: ¿Quién es Abimelec para que le sirvamos? ¿No es este el pueblo que despreciabas? Sal pues, ahora y pelea contra él (Jue 9,36-38).

Al leer el diálogo, no puedo evitar reírme al imaginarme la situación de los personajes, y creo que eso es justo lo que el redactor del relato quiere lograr al narrar la ridiculez de Gaal que, en medio de la borrachera, deja ver sus ambiciones en contra de Abimelec y en la mañana no puede mantener sus palabras.

Probablemente, la burla de Zebul en el versículo 37 tiene que ver con todo lo que comieron y bebieron Gaal, sus hermanos y los hombres de Siquem durante toda la noche: «estás tan borracho que estás teniendo visiones», y uno solo puede imaginarse a Gaal frotándose los ojos para descubrir que realmente estaba viendo hombres y no solamente visiones causadas por la bebida.

La segunda respuesta de Zebul ridiculiza aún más a Gaal. Para hacer honor a mi país natal yo la traduciría como «*de lengua me como un taco* [agregar tonada mexicana mientras se lee esto] *¿no que muy macho? Ahí está Abimelec y el pueblo del que hablabas mal, sal ahora a pelear contra él*».

Para ese momento Gaal ya sabe que las consecuencias de sus palabras han llegado a él, pero aun así sale liderando a los señores de Siquem a la batalla, solamente para terminar huyendo de Abimelec y volver a entrar en la ciudad.

Los resultados de esta primera batalla son muy difíciles de explicar y solo se comprenden cuando entendemos las capas redaccionales de las que he hablado en el capítulo 2. No parecen haber víctimas fatales, pues ni siquiera Gaal muere, sino que solamente es expulsado de la ciudad, a la cual Abimelec no entra, pues se queda en Aruma, en donde vive.

Si la consecuencia de la ambición de hombres como Gaal solo recayeran sobre ellos no habría muchos problemas. Sin embargo, al juntar dos ambiciones egoístas como las de ellos, la suerte ya está echada y solo puede acontecer la destrucción de muchas vidas, en este caso la destrucción de toda una ciudad.

> Y Abimelec peleó contra la ciudad todo ese día, y tomó la ciudad y mató a todos los que estaban en ella, y asoló la ciudad y la sembró en sal (Jue 9,45).

Aunque por algún momento pareciera que la ambición egoísta de un hombre, al que no le importan los medios para conseguir sus objetivos, puede rendir sus frutos, al final de cuentas, los resultados de este tipo de ambición impulsada por la violencia de la competencia, solamente puede traer desintegración y muerte en la sociedad.

Actualización homilética y cristológica

Creo que como cristianos que se acercan a la Biblia hebrea, la mejor manera de respetarla es profundizando cada vez más en su estudio con todas las herramientas que tenemos a nuestra disposición.

Las herramientas exegéticas y los acercamientos hermenéuticos están en constante revisión, lo que nos permite decir con confianza que la palabra sigue viva y hablando el día de hoy.

En algún momento la exégesis de corte liberal postulaba la necesidad de dejar «en pausa» la fe para que no «estorbara» en el proceso de interpretación, pero hoy se destaca la importancia de interpretar el texto desde nuestros lugares de enunciación y esto implica tener en cuenta nuestras prácticas y creencias.

Por eso creo que es fundamental terminar cada capítulo de esta sección con una reflexión homilética y cristológica actualizada para la aplicación y predicación en nuestras comunidades de fe a la luz del acontecimiento de Cristo.

En el capítulo, te he hablado sobre la ambición egoísta que lleva al hombre a tomar cualquier camino necesario para cumplir sus objetivos. «El que no tranza, no avanza» es un refrán lamentablemente muy popular en América latina donde parece que, sin corromperse, ninguno puede alcanzar una buena vida.

Y esta corrupción permea todas nuestras vidas y todas nuestras relaciones, las cuales, al constituirse en la base de la competencia, se convierten en relaciones de poder. Cada uno quiere ser el rey en su casa, en sus amistades, en su trabajo e incluso en relación con su propio cuerpo.

¿Cómo logramos vivir en una ambición egoísta que nos incita a acumular cada día más en un mundo donde cada vez más niños crecen sin tener acceso a tres comidas diarias? ¿Cómo logramos cerrar los ojos ante las injusticias que acontecen todos los días en nuestro mundo y gastamos nuestros recursos en el efímero placer propio? Quizá la respuesta nos la da Abimelec.

Como vimos en este capítulo, Abimelec comenzó su vida conociendo lo que implica ser «el otro», aquel discriminado por su padre y hermanos, sintiéndose extranjero en su propia tierra y sin ningún grupo de pertenencia.

¿Cuántos de nosotros no nos hemos sentido así? Nuestras hijas e hijos que crecen sin la presencia de sus padres, que tienen que pasar todo el día trabajando para poder darles techo y comida, se desarrollarán sin el sentimiento de pertenecer a una familia.

La migración forzada, fenómeno que se ha acentuado en los últimos años a consecuencia de las guerras, el narcotráfico y los cambios climáticos, nos ha llevado a una realidad en la que incluso quien nunca ha salido de su tierra natal se puede sentir un extranjero, ¿Qué es lo que nos une? ¿Qué es lo que nos separa?

La palabra que más veces se repite en Jueces 9 es «hermanos» y creo que en ella encontramos la clave para entender no solo la violencia de Abimelec que recae en última instancia en todo

Siquem, sino la violencia que actualmente es un aguijón en nuestras sociedades sin importar el lugar del mundo en el que nos encontremos. **¿Quiénes son nuestros hermanos?**

Queda claro que Abimelec, aunque compartió padre con setenta hombres, nunca los conoció como hermanos, ni fue él reconocido por ellos como hermano, simplemente fue el extranjero, el hijo de la criada.

Al llegar a Siquem, un Abimelec mayor, utiliza la retórica ¿de la pertenencia tribal? para hacer creer a los siquemitas que él es un hermano de ellos. Pero el texto rápidamente nos deja ver que se trata de un discurso manipulador para crear una relación de poder en la que uno solo es el jefe y los demás se subordinan a él.

Y en el grito de Jotam podemos escuchar el grito de toda víctima: «todo el que apoya a un asesino, hermano del asesino es», una hermandad basada en la violencia y no en la paz, una hermandad que, construida en la base de las ambiciones egoístas, no va más allá de lo que la muerte nos puede dar. ¿De quién somos hermanos?

Y entonces, nos volvemos a encontrar una y otra vez con el discurso de Abimelec: «Yo soy parte de ustedes, ayúdenme a asesinar a los demás». Anhelamos tanto el pertenecer que formamos nuestros grupos exclusivos en donde dejamos fuera a los demás ¿Qué nos importa si otros mueren, mientras nuestros grupos (familia, etnia, nación, religión) viven? Si es necesario incluso hay que sacrificarlos en el altar de nuestras ambiciones más grandes.

Y entonces, llega Jesús.

Mientras todo el mundo busca su grupo de exclusividad en donde pertenecer y resguardarse de los demás, Jesús sabe que su lugar de pertenencia está en el Padre y, desde ese lugar, no se cierra a los otros, sino que abre sus brazos para crear un grupo cada vez mayor.

No hay mejor ejemplo de esto que lo que nos relata el evangelio de Marcos:

> Vinieron después sus hermanos y su madre, y quedándose afuera,
> enviaron a llamarle. Y la gente que estaba sentada alrededor de

> él le dijo: Tu madre y tus hermanos están afuera, y te buscan. Él les respondió: ¿Quién es mi madre y mis hermanos? Y mirando a los que estaban sentados alrededor de él, dijo: He aquí mi madre y mis hermanos. Porque todo aquel que hace la voluntad de Dios, ese es mi hermano, mi hermana, y mi madre (Mc 3,31-34).

Como Abimelec, Jesús también sale de la casa de su padre para cumplir con su objetivo de vida, pero no lo hace basado en una ambición codiciosa y egoísta, sino en un propósito de redención mayor.

Como Abimelec, Jesús encuentra sus propios seguidores, pero a diferencia del primero, no necesita comprarlos con la plata del templo de los dioses falsos, sino que los atrae con la gracia del Dios verdadero.

Y como en la historia de Abimelec, la cuestión de los hermanos sale a flote: ¿quiénes son los hermanos de Jesús?

El evangelio de Marcos, junto con sus paralelos en Mateo (Mt 12,46-59) y Lucas (Lc 8,19-21), nos relatan un evento de la vida de Jesús al que tal vez haya que ponerle más atención de la que le hemos puesto, pues en su contexto es muy polémico.

Para la sociedad romana del siglo I, la familia era la institución más importante, piedra angular para el sostenimiento del Imperio romano, y, para los judíos, representaba el núcleo de identidad, educación y la transmisión de valores y tradiciones; una institución intocable.

Pero también la familia se convertía en el primer lugar de exclusión interna y externa: interna en cuanto en la familia se suele rechazar al que no cumple su rol esperado dentro de ella; externa en cuanto que se marca diferencia con respecto a los que quedan fuera de ella.

Además, en la sociedad, la familia te define: ¿vienes de una buena y reconocida familia? Entonces tendrás más acceso a la educación y seguramente mejores oportunidades laborales ¿Vienes de una familia disfuncional? Probablemente se te verá con recelo, esperando el momento en que cometas un error para hacerte ver lo mala que fue tu crianza, «árbol que nace torcido...».

Y en este tipo de sociedad, Jesús decide simplemente dejar a su familia de sangre y formar otro tipo de comunidad. El redactor del evangelio de Marcos es muy enfático en la decisión de los hermanos y la madre de Jesús de «quedarse afuera», que en el evangelio quiere decir no haber entrado a recorrer el camino de discipulado que ofrece Jesús. Ellos deseaban seguir siendo una familia «normal».

Pero Jesús sabe que detrás de ese modelo de familia cerrado se puede esconder el virus de la violencia de la exclusión y decide no salir al llamado de su «familia», sino que los invita a entrar en una familia mayor.

«¿Quién es mi madre y quiénes son mis hermanos?», pregunta y nos recuerda a las preguntas de Gaal sobre la identidad de los siquemitas que básicamente se resume en: «¿A quién se le debe lealtad?; ¿En dónde cerrar nuestro grupo?; ¿Quiénes son los potenciales enemigos? Los otros». Jesús no piensa entrar en ese juego de poder y ambición, sino destruirlo desde sus bases.

«Y mirando a todos los que estaban sentados alrededor de él». El evangelio cambia el modelo de exclusividad, en el cual uno está dispuesto a matar y morir por el grupo al que se le debe lealtad, por un modelo de total inclusión, «todos los que están sentados alrededor de Jesús». Marcos nos da un panorama de la primera comunidad realmente cristiana: no se trata de ir detrás de un líder, sino de sentarse alrededor de la mesa, alrededor de Jesús.

«Aquí están mi madre y mis hermanos. Porque todo aquel que hace la voluntad de Dios, ese es mi hermano, mi hermana, y mi madre.» La inclusividad del evangelio es radical, el texto no había hecho mención de hermanas mujeres, sin embargo, Jesús las incluye en el mismo nivel que a los varones; lo que queda atestiguado por la conjunción griega *kaí* que las ubica en el mismo nivel sintáctico; el único que no es mencionado es el padre, creo yo que por dos motivos: primeramente porque el único padre para Jesús es Dios; en segundo lugar, la figura del padre en la familia romana es la del *pater familias*, aquel a quien le corresponde la máxima autoridad en el hogar y a quien todos le deben una obediencia ciega. En cambio, en la familia de la comunidad cristiana que fundó Jesús no existe ese tipo de figura.

Mientras que Abimelec y Gaal fundamentan sus ambiciones egoístas en una visión cerrada y exclusivista en donde los hermanos no existen o son solamente una escalera para conseguir sus objetivos, Jesús agranda la mesa y nos dice: en todo ser humano existe un potencial hermano.

Y, si realmente creo que todo ser humano es un hermano de Jesús, ¿cómo puedo permitirme ambicionar lujos personales mientras mi hermano está pasando hambre?, ¿cómo ambicionar escalar en la pirámide social si esto equivale a que mis hermanos se queden en la dolorosa base que sostiene la cima?, ¿no nos invita Jesús a dejar de pensar como Abimelec y convertirnos en un poquito más humanos?, ¿a no anhelar la punta de la cima, sino la construcción de un círculo? Un círculo de amor y solidaridad que no permita que nadie se sienta solo; un círculo alrededor de Jesús en donde todas y todos podamos encontrar pertenencia.

Bibliografía recomendada

- ANDIÑACH, P., *Introducción hermenéutica al Antiguo Testamento*, Verbo Divino, Estella 2015.

  La obra de Andiñach sirve para aquellos que están empezando a estudiar la Biblia hebrea y están interesados en hacerlo desde las lecturas que la hermenéutica nos permite. Es un libro cuya fortaleza es la claridad y el lenguaje sencillo, pero que no pierde rigor académico.

CAPÍTULO 4

JOTAM Y LA CRÍTICA AL LIDERAZGO

INTRODUCCIÓN

> *Cuando el gran señor pasa, el campesino sabio hace*
> *una gran reverencia y silenciosamente se echa un pedo.*
> Proverbio etíope

Quizá como mecanismo de defensa, las sociedades humanas siempre han producido tradiciones orales y literarias que suelen ridiculizar a quienes se encuentran en el poder, ya sea el rey, el señor feudal o el jefe de una gran corporación. ¿A quién no le gusta reírse un rato del jefe?

¿Tenemos en la Biblia tradiciones de este tipo? Me parece que sí y muchas más de lo que quizá nos imaginamos. Por mencionar solo algunas, me vienen a la mente el relato de la torre de Babel donde el narrador nos invita a reírnos de los hombres que se creen tan importantes como Dios, o la manera en que el profeta Eliseo manda a Naamá, general del poderoso ejército sirio, a meterse en el sucio y menospreciado río Jordán.

En cuanto a Jueces 9, Martin Buber, el famoso filósofo y escritor judío, definió la fábula que utiliza Jotam como «el poema más antimonárquico de la Biblia», lo cual no deja de ser llamativo dentro de uno de los libros que ha sido catalogado como más favorable a la monarquía.

En este capítulo mi intención es de examinar el discurso de Jotam en su totalidad y dentro del contexto del libro de Jueces y de la Biblia hebrea para poder dilucidar cuáles son las críticas que se encuentran detrás del texto.

En primer lugar, haré un rápido recorrido por el tema de la monarquía a través de toda la Biblia hebrea, después enfocaré la investigación en el libro de los jueces para, finalmente, concentrarme en la fábula de Jotam (Jue 9,7-15).

La Biblia y su relación con la monarquía

Estas son las mañanitas que cantaba el rey David...

Para los que pasamos nuestra infancia en México, la relación de la monarquía con la Biblia es clara: la Biblia hebrea debe estar a favor de la monarquía, pues uno de sus personajes más importantes es un rey, ¡un rey que canta en los cumpleaños!

Más allá del chiste, seguramente si haces una encuesta entre todos los que conforman tu comunidad de fe sobre qué dice la Biblia de la monarquía, la gran mayoría te hablará del rey David, el salmista con el corazón conforme al corazón de Dios, el pastorcito que venció al gigante Goliat y que estableció en Jerusalén el arca del Señor (estoy dando por sentado que la mayoría de tu comunidad de fe no son eruditos de las ciencias bíblicas).

La Biblia hebrea habla bien de la monarquía, de hecho, ocupa muchos versículos para legitimarla como el sistema de organización social que más ha funcionado y, claramente, el rey David juega un rol fundamental en este propósito.

Como ya te habrás dado cuenta leyendo este libro, nada es tan sencillo como parece a primera vista y, aunque la Biblia hebrea tiene muchos versículos para defender la monarquía, también tiene unos cuantos que la critican como institución.

Esta dualidad se da incluso desde el momento en que se relata el nombramiento del que casi todos concuerdan en llamar el primer rey de Israel: Saúl (tras llegar hasta aquí, espero que estés de acuerdo conmigo en que ese título se lo podríamos dar a Abimelec).

El relato de la coronación de Saúl se da en 1 Sam 8-11 y comienza con un diálogo en el que participan los ancianos de Israel, Samuel y YHWH:

- (El pueblo a Samuel) «He aquí tú has envejecido, y tus hijos no andan en tus caminos; por tanto, constituye ahora un rey que nos juzgue, como tienen todas las naciones» (1 Sam 8,5).
- (YHWH a Samuel) «Oye la voz del pueblo en todo lo que te digan; porque no te han desechado a ti, sino a mí me han desechado para que no reine sobre ellos. Conforme a todas las obras que han hecho desde el día que los saqué de Egipto hasta hoy, dejándome a mí y sirviendo a dioses ajenos, así hacen también contigo. Ahora, pues, oye su voz; pero protesta solemnemente contra ellos, y muéstrales cómo los tratará el rey que reinará sobre ellos» (1 Sam 8,7-9).
- (Samuel al Pueblo) «Así hará el rey que reinará sobre ustedes [...] Y clamarán entonces a causa del rey que han elegido, pero YHWH no les responderá» (1 Sam 8,11-18).
- (El Pueblo a Samuel) «No, sino que habrá rey sobre nosotros y seremos como todas las naciones...» (1 Sam 8,19-20).
- (YHWH a Samuel) «Oye su voz, y pon rey sobre ellos» (1 Sam 8,22).

Debemos entender este diálogo como una construcción narrativa de alguien que ya conoce lo que es vivir bajo la monarquía y no parece estar muy contento. En primer lugar, es Samuel, para muchos, el último juez de Israel, además de profeta, el que no está de acuerdo con el pedido de los ancianos del pueblo. La mención de la edad de Samuel y de sus hijos nos hacen recordar la misma escena del ofrecimiento del reinado a Gedeón.

Lo más importante es la interpretación teológica que da el narrador a través de la voz de YHWH a Samuel: el acto de instituir una monarquía se compara con la idolatría, el pecado más condenado en la Biblia hebrea.

La descripción de Samuel sobre las consecuencias de la institución de la monarquía, en los versículos 11-18, corresponde a la experiencia de Israel después con la mayoría de los reyes, por lo que el narrador conoce de primera mano lo que significa vivir bajo el dominio de un rey.

El pueblo decide no escuchar al profeta y juez, insisten en un rey y YWHW se los concede. Es claro que el capítulo 8 del libro de 1 de Samuel es crítico con la monarquía, viéndola como una traición al gobierno de Dios a través de los jueces y profetas.

Sin embargo, solo un capítulo más tarde, Dios hace que Samuel designe a Saúl como «príncipe de su pueblo», pero lo hace por razones muy diferentes de las que acabamos de leer:

> ... al cual ungirás por príncipe sobre mi pueblo Israel, y salvará a mi pueblo de mano de los filisteos; porque yo he mirado a mi pueblo, por cuánto su clamor ha llegado hasta mí (Jue 9,16).

En este caso, la motivación para ungir a Saúl como rey, aunque se usa la palabra «príncipe» quizá para suavizar la transición hacia la monarquía, no es el pecado de idolatría del pueblo, sino su clamor para ser liberado de los filisteos opresores.

Así que, a solo un capítulo de distancia, hemos pasado de tener a un rey que va a ser el opresor del pueblo, a ungir a un rey que será su salvador. Por más contradictorio que esto pueda parecer, debemos estar agradecidos de que el texto hebreo permita la aparición de ambas tradiciones: la que es crítica de la monarquía y la que la ve como la mejor organización social posible.

Podemos encontrar las mismas tradiciones cuando vemos con ojos críticos la figura del rey David, quizá el rey más importante para el relato bíblico (me estoy manteniendo en la construcción literaria del personaje, sin entrar a las interesantes, pero inútiles en este momento, discusiones sobre la historicidad de David), quien es presentado como «un rey conforme al corazón de Dios» (1 Sam 13,14), pero también se nos relata su «lado oscuro»: adúltero (2 Sam 11,4), asesino (2 Sam 11,17), realiza un censo prohibido y trae desgracia a su pueblo (2 Sam 24; 1 Cr 21,1-27).

Estos eventos negativos del rey David, que por cierto en las predicaciones y estudios bíblicos se suelen obviar o justificar como poco importantes en comparación a todo lo bueno que hizo —¡el tipo mató a un gigante y ganó guerras, ¿qué importa que sea un violador y asesino?!— cumplen una función importante en la Biblia hebrea al deconstruir la figura idealizada del rey David.

Y así podría seguir a través de toda la Biblia hebrea: los salmos suelen exaltar la figura del rey, los profetas suelen desacreditarla; a veces los reyes, incluso paganos, son la herramienta que Dios utiliza para salvar a su pueblo, pero en muchas otras son la causa de la condenación.

Lo que quiero dejarte en esta sección es que el texto hebreo nunca es absolutista en cuánto a qué sistema de organización social es mejor, pues, escrito en diferentes períodos de tiempo y por diferentes autores, es necesario conocer los matices que cada uno desea enseñar.

Lo mismo sucede con el Nuevo Testamento: existen versículos donde se nos dice que las autoridades (en referencia al emperador romano y todo su sistema de gobierno) son puestas por Dios (Ro 13,1) y tenemos a Jesús insultando a uno de los líderes romanos más importantes en su región (Lc 13,32) (por favor, si no has leído ese versículo deja ahora este libro y ve a buscarlo en tu Biblia).

Por lo tanto, ante la pregunta: ¿apoya o no la Biblia a la monarquía?, la respuesta es un gran «depende», pues tener un rey puede ser equivalente a la idolatría o puede ser la herramienta que Dios use para liberar a los oprimidos. Todo está entre el escritor y el lector.

La monarquía en Jueces

Tradicionalmente, el libro de Jueces se ha catalogado como un libro a favor de la monarquía. La fórmula repetida «En aquellos tiempos no había rey en Israel; cada uno hacía lo que le parecía bien» (Jue 17,6; 18,1; 19,1) parece indicar que es la falta de un rey lo que lleva a Israel a la decadencia que se puede ver en los últimos capítulos del libro.

Se ha argumentado también que el libro está cargado de un sentimiento pro Judá y eso es lo que lo hace fuertemente pro monárquico. Recuerda que David, el prototipo del rey ideal para el texto bíblico, proviene de la tribu de Judá

Está propaganda pro Judá, se puede ver en el libro desde la preeminencia que se le da en el prólogo A (1,1–2,5) en donde, por ejemplo, se le dedica más de la mitad de los versículos del capítulo 1 (20 de 36), queriendo presentar a Judá como la continuación natural del liderazgo de Josué después de su muerte.

Además, con la descripción que se da de Judá, parece querer magnificarlo en comparación a las otras tribus:

- La tierra es entregada por YHWH a Judá (Jue 1,2).
- YHWH entrega al cananeo y ferezeo en las manos de Judá (Jue 1,4).
- Judá captura Jerusalén (Jue 1,9).
- Ayuda a Simeón a vencer al cananeo en Sefat (1,17).
- YHWH está con Judá para sacar a los habitantes de los llanos (1,19).

Comparado con lo que se nos dice de las otras tribus es claro el favoritismo hacia Judá:

- Los hijos de Benjamín, tribu del rey Saúl, no echaron a los jebuseos de Jerusalén; que ya había sido tomada por Judá (Jue 1,21).
- Manasés, quien formará después parte del reino del norte, no sacó de la tierra a los cananeos de Bet-seán, Dor, Ibleam y Meguido (Jue 1,27-28).
- Efraín tampoco arrojó a los cananeos de Gezer (1,29). Especialmente importante para nuestra historia es que en la tribu de Efraín se encontraba la ciudad de Siquem.
- Zabulón, en el extremo sur de Galilea, no expulsó a los de Quitrón ni Naalal (1,30).
- Aser no expulsó a los de Aco, Sidón, Ahlab, Aczib, Helba, Afec y Rehob (1,31-32).

- Neftalí no echó a los de Bet-semes, ni a los de Bet-anat (1,33).
- Dan no pudo vencer a los amorreos (1,34).

A través de estas comparaciones y lugares que se le da a la tribu de Judá, el autor parece mostrar un deseo teológico y político de elevar a la tribu de Judá y junto a ella la idea de la monarquía davídica.

Sin embargo, aún dentro del libro de los Jueces, existen huellas de aquellos que no estaban completamente de acuerdo con la monarquía como institución, especialmente en el capítulo 8, con el final del ciclo de Gedeón.

En el versículo 8,22, después de la victoria de Gedeón contra Madián, los Israelitas le piden que reine sobre ellos; aunque algunas traducciones han preferido utilizar el verbo «señorear». Creo que el redactor, al utilizar el verbo hebreo *MLK*, que será utilizado en toda la tradición bíblica para los reyes, quiere que identifiquemos el pedido de los Israelitas a Gedeón como el que le hacen después a Samuel.

De hecho, la respuesta de Gedeón puede parecer paralela a la respuesta de YWHW a Samuel: «No seré rey sobre ustedes, ni mi hijo será rey; YHWH será el rey sobre ustedes» (Jue 8,23). De esta manera las palabras de Gedeón se convierten en un adelanto de las palabras de YHWH: tener un rey, significa rechazar el reinado de Dios.

Paréntesis: no todos los especialistas están de acuerdo en que Gedeón haya rechazado la oferta de los israelitas con su respuesta, sino que les está realizando una contrapropuesta: unir el liderazgo político y el religioso en una sola persona, él.

Sabiendo cómo continúa el pasaje y que, en el capítulo 9 se presupone que los setenta hijos de Gedeón están gobernando sobre la región, no me parece del todo descabellado pensar que lo que está diciendo Gedeón verdaderamente es: «No reinaré yo, reinará Dios, pero lo hará a través de mí» y por eso manda a hacer el efod (Jue 8,27) con el cual tropezará Israel.

Por otro lado, en toda la sección principal del libro de los Jueces, es decir, desde el capítulo 3 hasta el 16, no hay nada que parezca una apelación directa a la necesidad de un rey en Israel.

Tal vez podría hacerse una excepción con la figura de Otoniel, de la tribu de Judá, quien aparece como el único juez sin defectos. Desde una perspectiva monárquica, esto podría interpretarse como un apoyo a la idea de un rey de Judá elegido por Dios.

Sin embargo, la mayoría de los jueces logran traer paz a la tierra durante periodos que, comparados con los tiempos de los reyes, parecen mostrar una estabilidad incluso mayor.

El pasaje de Jueces 9, y en especial la fábula utilizada por Jotam, se constituye también en una crítica a la institución de la monarquía.

LA MONARQUÍA EN JUECES 9

Como ya dije anteriormente, la fábula de Jotam (Jue 9,8-15) puede ser vista como la composición más antimonárquica de la Biblia. Los exégetas coinciden en que es un agregado tardío en la composición de Jueces 9 y que es una fábula popular emanada de un ambiente rural, de propietarios de pequeñas fracciones de tierra, que consideran inútil y perjudicial la institución de la monarquía.

La fábula cumple con las cuatro partes estructurales clásicas de una fábula:

1. **Descripción de la situación:** los árboles salieron a buscar un rey.
2. *Actio* **(discurso/acción):** les piden a los mejores árboles que reinen.
3. *Reactio* **(Contra discurso/contra acción):** los mejores árboles se niegan a dejar sus importantes funciones para reinar.
4. **Resultado:** el más inútil termina aceptando el puesto

El hecho de que una fábula tan satírica, secular e incluso politeísta (en una traducción literal del versículo 13 la vid dice:

«¿Dejaré mi vino que alegra a los **dioses** y a los hombres?») se haya ganado su lugar en el texto bíblico, nos habla de que era una fábula muy conocida y respetada en el medio en que se movía el redactor del capítulo (Schipper 2009).

La fábula desarrolla dos de los principales temas de la ideología real antigua oriental: 1. el rey es árbol de fruto y vida para su pueblo y 2. el rey es sombra y protección para su pueblo. El sentido de la fábula se da en que ninguno de los tres árboles que realmente dan fruta y sombra, la higuera, la oliva y la vid, desean gobernar sobre los árboles. Es el arbusto (conocido por estar lleno de espinas) el que acepta la realeza y se proclama protector y proveedor de sombra.

La enseñanza de la fábula, fuera del contexto del capítulo 9, se podría definir entonces como «la institución de la monarquía ofrece algo que no puede entregar: frutos y protección». Situación que será real a través de toda la corta historia de la monarquía en Israel.

Puesta en el contexto bíblico, la parábola toma otras dimensiones y se convierte en una acusación específica contra la manera en que Abimelec se ha hecho del reinado, pero ¿deja de ser así una crítica a la monarquía en general?

Siguiendo a diferentes autores, creo que Abimelec representa en el texto hebreo el primer intento de establecer la monarquía en Israel y, al criticarlo a él, se crítica la institución de esta forma de gobierno que resultó ser perjudicial para Israel. Además, se pueden observar paralelismos entre el relato de Abimelec y el relato de Saúl, primer rey de Israel, veamos algunos de los principales:

- Dios envía un espíritu malo a ambos, lo que los hace los únicos personajes en la Biblia hebrea de los que se dice eso (Jue 9,23; 1 Sam 16,14).
- Abimelec es presentado como un asesino en masa de aquellos que eran sus rivales por el trono, es decir, sus setenta hermanos (Jue 9,23). Y Saúl asesina a ochenta y cinco sacerdotes que apoyaron a David (1 Sam 22,18); nota que en ambos casos escapa un menor.

- Hay paralelos en la muerte de ambos (Jue 9,54; 1 Sam 31,4), especialmente en pedirle a su escudero que los mate con su espada.
- La reacción de los israelitas ante la muerte de ambos es muy parecida (Jue 9,55; 1 Sam 31,6).

A través de estos paralelismos, el redactor conecta las tradiciones de Abimelec y de Saúl, el primer rey de Israel, para mostrar que ninguno de los dos reinados fue legítimo (es difícil establecer si el redactor de Jueces conocía la historia de 1 Samuel o viceversa) y desacreditar, no ya a la monarquía en general, sino a la monarquía que se levanta a partir de una tribu de lo que anteriormente fue conocido como el reino del norte.

Como ya te he contado en este libro, el redactor probablemente esté pensando en la polémica en contra de Samaria, que en la época persa era mucho más grande e importante, tanto administrativa como religiosamente, que la pequeña provincia de Yehud, en donde probablemente surge la redacción final de este capítulo.

La segunda parte del discurso de Jotam es clave para entender la fábula en su contexto literario, pues en ella nos pone en ruta a entender el tipo de monarquía que, teológicamente, está rechazando el redactor final de Jueces 9.

Si bien creo que es evidente que la fábula pertenece a una tradición antimonárquica anterior a la redacción de Jueces (posiblemente incluso se pueda remontar hasta el siglo IX a. C.), el redactor ha hecho un trabajo excelente para unirla con el oráculo de juicio de Jotam al transformar el versículo 15 en un puente con la maldición:

Si en verdad me eligen por rey sobre vosotros, vengan, póngase en abrigo bajo de mi sombra; y si no, salga fuego de la zarza y devore a los cedros del Líbano (Jue 9,15).

El paralelismo con el versículo 19 y 20 es evidente:

Si con verdad e integridad han hecho con Jerubaal y con su casa, gocen de Abimelec y que el goce con ustedes. Pero si no, fuego salga de Abimelec, que consuma a los de Siquem y a la casa de Milo, y fuego salga de Siquem y de la casa de Milo y consuma a Abimelec (Jue 9,19-20).

Al comparar estos dos versículos, queda claro que el centro del mensaje de Jotam está en la última parte de la fábula y se compara la zarza no con la elección de cualquier rey, sino con la elección de Abimelec, un rey que sube al trono gracias al asesinato y la infidelidad a su familia.

Visto de esta manera, la preocupación de Jueces 9 con la monarquía no es tanto teológica, como en 1 Samuel y el relato de Gedeón, sino que es de características morales y éticas. ¿Cómo debe ser la elección de un buen rey para Israel?

Así, la condena en Jueces 9 no se aplica a todo tipo de liderazgo. En este libro se alaba el liderazgo de algunos jueces, se critica el de otros y se anticipa la futura monarquía, con sus aspectos positivos y negativos. La condena se dirige específicamente a los liderazgos fundamentados en la manipulación (como se vio en el capítulo anterior) y en la violencia.

La mala elección de un líder, sin importar el modelo de liderazgo presente, solo podría traer desgracias al pueblo entero. En un momento de reedificación nacional para Judá, durante el Imperio persa, después de haber vuelto del exilio y teniendo un tiempo de relativa estabilidad política, la elección de líderes que pudieran guiar al pueblo a través de este proceso, en contra de las amenazas externas e internas, era una preocupación fundamental.

ACTUALIZACIÓN HOMILÉTICA Y CRISTOLÓGICA

Vivimos en un mundo en crisis, eso es innegable. La supuesta estabilidad que buscaban las generaciones pasadas, hoy más que nunca, se ve simplemente como una utopía de un mundo que nunca existió.

Cuando vemos las noticias en la televisión o en las redes sociales, no suelen ser buenas: hay guerras y genocidios transmitidos en vivo sin que nadie parezca tener poder para cambiarlo; existe inseguridad económica en gran parte de los países, donde los niveles de desocupación están llegando a unos números preocupantes, y el cambio climático provoca cada día más catástrofes y migraciones forzadas.

Tiempos así son caldo de cultivo para líderes populistas y tiránicos en todos los ámbitos de la sociedad: surgen, de todos los espectros políticos, personajes que prometen un refugio bajo su sombra, solamente para terminar quemando a todo aquel que confía en él.

Religiosamente también buscamos líderes para nuestras instituciones que nos puedan guiar en medio de este mar de incertidumbre hacia un puerto seguro y la elección más fácil muchas veces es por aquellos que consideramos de «carácter fuerte».

Y en la sociedad en general cada día vemos la aparición de más *influencers* que, aprovechándose del sentimiento de vulnerabilidad e inseguridad que acecha a los adolescentes y los jóvenes, los bombardean con discursos motivacionales fáciles y seguros que no son más que mentiras y esconden ideologías de odio capaces de lograr la desintegración de la sociedad del bien común hacia la sociedad del logro individualista (que no sé hasta donde se pueda seguir llamando sociedad).

A nivel literario, la historia de Abimelec se ubica en un tiempo también de mucho desconcierto, con la muerte de Gedeón. Los siguientes en la línea del gobierno eran sus setenta hijos ¿Quién podía saber qué tipo de gobierno iban a ejercer?

Además, sin un rey centralizado, las divisiones internas y las invasiones externas estaban siempre a la vuelta de la esquina, ¿Dónde conseguir un poco de seguridad?

Creo que más allá del discurso de Abimelec, lo que convence a los hombres de Siquem es su actitud: un hombre que se muestra 100% seguro de lo que desea, listo incluso para asesinar a sus propios hermanos para lograr ser el rey: «¡Ese tipo de líder es el que necesitamos de nuestro lado para traernos prosperidad!», parecen pensar.

Lamentablemente es lo que muchos están pensando el día de hoy: «no importa su ética individual, necesitamos a un hombre de carácter fuerte para cuidarnos de nuestros enemigos y de nosotros mismos en este clima de incertidumbre». Hoy no importa si alguien robó, estafó, violó o asesinó, lo único importante es que muestre fortaleza contra las adversidades que la vida le ponga enfrente.

¡Cuántos Abimelec estamos levantando en nuestro mundo!

Lo peor es que ese tipo de liderazgo se repite en nuestras instituciones religiosas, laborales y hasta familiares, creando liderazgos basados en la violencia de las palabras y los hechos, líderes con los que tenemos una relación de subordinados en lugar de una relación de hermanos.

En los tiempos de Jesús la vida no era tan diferente. El siguiente relato nos servirá para reflexionar en nuestras formas de liderazgos. ¿Deseamos el modelo de Abimelec o el de Jesús?

En el evangelio de Mateo, la madre de Santiago y Juan se acerca a Jesús le hace una solicitud particular: «Ordena que en tu reino se sienten estos dos hijos míos, el uno a tu derecha, y el otro a tu izquierda» (Mt 20,21). ¿Quién puede juzgar a una madre que solo quiere lo mejor para sus dos hijos? Sin embargo, en sus palabras manifiesta un desconocimiento total de las enseñanzas de Jesús. Su deseo era que, en el reino de Jesús (pensándolo como un reino humano), sus hijos tuvieran la autoridad de los que están de lado del rey. La mujer está pensando en un sistema piramidal de gobierno donde el que está más cerca de la punta más autoridad tiene para mandar en los otros.

La respuesta de Jesús es, al menos, enigmática: «No sabes lo que pides. ¿Pueden beber del vaso que yo voy a beber, y ser bautizados con el bautismo que yo seré bautizado?» (Mt 20,22). Con esto Jesús se refiere a los sufrimientos que pasará en su pasión. Indirectamente Jesús está indicando lo que hará explícito más adelante: el modelo de liderazgo va a ser completamente modificado por Jesús.

Después de aclarar que no le corresponde a él asignar los lugares en la mesa, sino que esa decisión es del Padre, Jesús deja en claro que no habla de un reino terrenal, sino del reino escatológico de Dios. Con esto parecería que el tema queda cerrado, pero no es así.

Claramente el tema del liderazgo era una cuestión sensible dentro del grupo de los discípulos de Jesús, pues los diez restantes se enojan contra los dos hermanos que habían traído a su madre a hacerle tal petición a Jesús. Ellos no se enojan por el hecho de que hayan malinterpretado el reinado y el modelo de liderazgo de Jesús, sino porque ellos mismos desean esos lugares de prestigio.

Recuerdo mucho la discusión que hubo en una iglesia evangélica en la que yo participaba como parte del equipo pastoral cuando el pastor principal decidió que era buena idea dedicar tres cultos completos a hacerse un homenaje por sus años de ministerio y liderazgo. No solo se trataba de hacer una oración de agradecimiento y ya, sino de invitar a personas previamente elegidas a dar testimonio de lo bueno que había sido su servicio en la iglesia.

La pregunta que yo me hacía entonces y me sigo haciendo cuando me invitan a predicar a alguna comunidad y se me trata con más deferencia que al resto de la congregación es: ¿qué diferencia hay entre quien comparte la palabra o cumple el rol de líder de una congregación y a quien le toca limpiar los baños?, ¿no merecen ambos el mismo tipo de honor?

Sin embargo, a través de los años de ministerio, me he dado cuenta de que la mayoría de los que critican a los que están en puestos de liderazgo no lo hacen movidos por un celo cristiano hacia el modelo de liderazgo de Jesús, sino porque a ellos mismos les gustaría estar en ese lugar.

La actitud de los discípulos también me recuerda mucho a la de Gaal en el relato que hemos estado leyendo: Gaal sabe que el liderazgo de Abimelec ha sido obtenido por medios desleales, pero lo que quiere es hacerse él con esa posición.

Así que mi pregunta cuando me enojo contra aquellos que cometen injusticias desde posiciones de liderazgo es hacia mí mismo: «¿me enoja la injusticia o me enoja no ser yo el que está sacando ventaja de ella?». Te sorprendería las veces que me avergüenzo de la respuesta.

Es que mientras tengamos a Abimelec como ejemplo no podremos lograr liderazgos sanos. No importa las modificaciones teóricas que hagamos en los organigramas de nuestras instituciones. Vivimos en un mundo de Abimelec y ser jefe siempre significa estar por encima de los demás.

> Ustedes saben que los gobernantes de las naciones se enseñorean de ellas, y los que son grandes ejercen poder sobre ellas. Mas entre ustedes no será así, sino que el que quiera hacerse grande será un servidor entre ustedes, y el que quiera ser el primero entre ustedes, será su siervo; como el Hijo del Hombre no vino para ser servido, sino para servir, y para dar su vida en rescate por muchos (Mt 20,25-28).

Si al profeta Samuel, Israel le pidió un rey «para ser como las otras naciones» (1 Sam 8,5), Jesús ordena lo contrario a sus discípulos: «no sigan el ejemplo de las naciones, entre ustedes sean diferentes».

La lógica de Jesús es contraria a los discursos individualistas que vemos hoy proliferar por todos lados: ¿Quieres ser un grande? Entonces sirve. ¿Quieres ser el primero? Entonces sirve. No se trata de servir para lograr llegar a ser grande o estar primero un día en el futuro, sino que el servicio es lo que caracteriza al que es grande y está en primer lugar. Como me dijo un amigo un día: «La recompensa del servicio es el servicio mismo».

Y vuelvo al inicio de esta sección: ¿es verdad que para un mundo en crisis necesitamos líderes fuertes?, ¿no será que este modelo de liderazgo es el que nos tiene en crisis? Cuantos más Abimelec surgen, menos paz posible hay.

¿Y si volvemos a la confianza en el modelo de Jesús? Ese modelo que contradice la lógica del mundo, la lógica de Abimelec y Gaal, pero que ha sabido lograr sobrevivir a través de los tiempos, no en los titulares de las noticias ni en los libros de historia, sino en los márgenes de la sociedad en donde de verdad nos hemos dado cuenta de que la única forma de sobrevivir es sirviéndonos los unos a los otros.

Quizá, y solamente quizá, si nos olvidamos de poner reyes en nuestras relaciones para concentrarnos en convertirnos en siervos de los demás, podamos generar una ola de gracia y servicio que haga, no solo imposible, sino también innecesario, el surgimiento de un nuevo Abimelec.

¡Que la gracia del Señor nos proteja de los arbustos que terminan quemando a todos los que están a su alrededor!

Bibliografía recomendada

- Abadie, P., *et al.*, *Biblia y realeza*, Verbo Divino, Estella 1994.
  Si deseas adentrarte a fondo en el tema de la monarquía en la Biblia, este libro, que forma parte de la serie de «Cuadernos Bíblicos» de Verbo Divino, es una excelente introducción a la historia de la realeza en el texto hebreo. Además, como suelen ser estos cuadernos, están escritos pensando tanto en el académico como en el lector no especializado.

CAPÍTULO 5

ABIMELEC, EL MACHO

Introducción

> *Macho, macho man, yeah*
> *I gotta be a macho man*
> *Macho, macho man, hey, hey*
> *I gotta be a macho.*
> VILLAGE PEOPLE

Creo que para este momento ya te habrás dado cuenta de que, a pesar de todo, no somos tan diferentes a Abimelec. Obviamente nosotros no hemos asesinado a nuestros hermanos y la mayoría no tenemos el objetivo de convertirnos en los reyes de nuestra nación, pero sí nos hemos dejado llevar por nuestra ambición egoísta que nos hace ver a los demás como enemigos y también hemos vivido creando relaciones de poder y no de servicio.

Uno de los grandes poderes de la Biblia es que, en las historias que nos cuenta, cada uno podemos identificarnos con los personajes en mayor o menor medida, tanto con sus virtudes como con sus defectos.

Pero no por eso podemos olvidar que la Biblia se escribió en un mundo muy diferente al de hoy y, si bien es importante la actualización de su mensaje, no podemos pasar por alto las diferencias culturales que nos ayudan a comprender mejor el texto bíblico.

En este capítulo, mi deseo es, en primer lugar, mostrarte cómo los avances de las ciencias sociales de los últimos años nos pueden ayudar a entender mejor las motivaciones detrás de la actuación de Abimelec. Para esto, examinaré la vida de Abimelec en términos de honor y vergüenza, los cuales han sido revelados por la antropología social como valores centrales de los pueblos que vivían en torno al mediterráneo.

Seguido de eso, usando los estudios de género, mostraré la forma en que la búsqueda de la masculinidad hegemónica está presente en el texto como lo ha estado a través de toda la historia muy ligada a la cuestión del honor y la vergüenza. En palabras sencillas: ser hombre es sinónimo de honor y ser mujer es sinónimo de vergüenza.

Como en cada capítulo de esta sección, terminaré haciendo una actualización homilética y cristológica que pueda ser aplicado a nuestra vida, nuestras comunidades de fe y la sociedad en general.

Espero que, al terminar de leer este capítulo, ninguno de nosotros tengamos que unirnos con los Village People para seguir cantando que necesitamos ser machos, pues el mundo no necesita machos, necesita humanos.

Honor y vergüenza en la Biblia hebrea

Si yo te preguntara «¿qué es lo más importante para la mayoría de las personas en la sociedad de hoy?», ¿cuál sería tu respuesta? En realidad, he hecho esta pregunta a diferentes grupos en donde he tenido la oportunidad de compartir cursos y las respuestas han sido muy variadas.

Para algunos, en especial los más mayores, la respuesta va ligada hacia la familia: lo más importante es mantener a la familia unida; otros, en especial adultos jóvenes, me han contestado que lo más importante hoy para toda la sociedad es el dinero: si tienes dinero, todo lo demás no importa; otros grupos, especialmente aquellos conformados en su mayoría por jóvenes y adolescentes, han ido por el lado de la fama: si eres famoso *(influencer)* no necesitas preocuparte por nada más.

Lo anterior solamente nos muestra que los valores centrales que guían la vida de las personas van siendo transformados de generación en generación, lo que provoca en más de una ocasión que una madre no pueda entender las decisiones que toma su hijo y viceversa.

Y si eso pasa en generaciones que se llevan apenas algunos años de vida, imagínate la diferencia de valores centrales que podemos tener con personas que vivieron hace más de dos mil años. ¡Y así las queremos entender y juzgar con nuestros valores de hoy!

De eso es lo que se preocupa la antropología social, una de las ramas de las ciencias sociales que se encarga de estudiar las sociedades humanas, sus culturas y las relaciones sociales que la conforman. Esta ciencia se centra en las estructuras de las relaciones sociales y cómo estas son transformadas a través del tiempo y de los lugares.

A partir de los estudios de la antropología social, los investigadores han descubierto que, en las culturas del Mediterráneo antiguo, los valores centrales por los que se construyen las relaciones sociales y que definen el comportamiento y motivaciones de las personas son el honor y la vergüenza.

El honor es una reivindicación de valor que se reconoce públicamente. La vergüenza, en cambio, es lo opuesto: la negación pública de ese valor. Ser honrado significa ser aclamado por poseer tal valor, mientras que ser avergonzado implica perderlo de forma visible ante los demás (Schipper 2009; Pilch y Malina 2016).

Básicamente, en la cultura mediterránea hay dos formas de tener honor: por herencia, es decir, al ser hijo de alguien con honor, se considera que se nace con el honor de los ancestros; o ganarlo en base de la demostración de fuerza, coraje, valor, generosidad y sabiduría. En cualquier caso, el honor debe ser defendido y mantenido pues en todo momento se puede perder, especialmente en sociedades donde la competencia se vive a diario.

En la Biblia hebrea, el valor del honor es tan importante que incluso Moisés lo puede utilizar para persuadir a Dios que no destruya a los israelitas en el desierto, ya que eso haría que los egipcios pudieran hablar mal de él, es decir, perdería su honor (Ex 32,11-13).

El honor de Israel está en su relación especial con YHWH (Is 43,3-4), por lo tanto, cuando son derrotados o castigados se sienten avergonzados y sus enemigos se pueden burlar de ellos preguntando: «¿Dónde está tu Dios?» (Sal 42,3), de la misma manera en que Elías se burlaba de los profetas de Baal (1 Rey 18,27) considerando que, al no responderles, los profetas quedan en vergüenza.

También desde esta perspectiva es más fácil comprender, pero no justificar, la actuación de Eliseo en contra de los cuarenta y dos muchachos que, al ofender su honor gritándole «calvo, sube», son maldecidos y muertos en manos de dos osos del monte (2 Rey 2,23-25)

No es sorpresa que el mandato más importante para los hijos en Israel es el de honrar al padre y la madre (Ex 20,12; Dt 5,16), tanto así que un hijo que causa deshonra a la familia puede ser merecedor de la pena de muerte (Dt 21,18-21).

En los salmos, se suele pedir que los enemigos «sean avergonzados» (Sal 35,4; 70,2; 71,13; 83,16-17) y el castigo de Dios es sentido como la pérdida de la honra (Sal 44,9; 69,6). El profeta Isaías habla de las derrotas de Egipto (Is 20,3-5) y el Deuteroisaías narra el regreso del exilio como un tiempo en que la vergüenza se va y vuelve la honra al pueblo (54,4; 61,7).

Estos son solo ejemplos generales de la importancia del modelo honra-vergüenza para entender los textos de la Biblia hebrea. Sin embargo, en los últimos años, se han realizado estudios particulares sobre diferentes libros y pasajes en los que el modelo ha sido probado con éxito dándonos un entendimiento mayor del pensamiento que hay detrás de los textos.

Masculinidad hegemónica y la Biblia

En el mundo mediterráneo antiguo, en el que el parentesco es fundamental en la definición de las relaciones sociales, los seres humanos son definidos en primer lugar como hombre o mujer: esposo/esposa, hijo/hija, hermano/hermana (términos de parentesco); antes que rico/pobre (términos de economía): poderoso/sin poder (término de política), piadoso/impío (término religioso); es decir, se trata de sociedades primariamente basadas en el género.

Así, el honor se convierte en un valor encarnado por los adultos varones y la vergüenza es encarnada por las adultas mujeres. Un hombre tiene que exigir, ganar y defender su honor frente a otros hombres por medio de «competencias» públicas en las cuales demuestra su valor frente a los demás.

La mujer, por otro lado, como la encarnación de la vergüenza, no la obtiene, sino que se impone en ella como un velo de privacidad y de integridad personal y sexual: la vergüenza no se asocia con la fuerza, sabiduría o valentía, sino con la privacidad, la reserva y la pureza.

Frente a esta visión de la mujer, las biblistas feministas están haciendo un gran trabajo en rescatar tradiciones en la que la mujer encarna a la fuerza, la sabiduría y la valentía como en el caso de Débora o Rut en el texto bíblico (Scholz 2020).

Sin embargo, al haber sido escrito en el contexto de este tipo de sociedad, es importante que entendamos que, para los personajes narrados en el texto bíblico, honor y masculinidad son dos palabras que no se pueden separar: si uno desea obtener más honor, necesita mostrar que cumple los requisitos para ser considerado masculino, un *macho man*.

Pero ¿qué significa ser hombre? ¿Está la concepción de masculinidad fija en todo tiempo y todo lugar?

Como mexicano crecí escuchando la famosa frase «los hombres no lloran» y ese era mi modelo de masculinidad. Entonces, al leer el texto bíblico, comencé a sorprenderme con la cantidad de hombres llorando que en él aparecen; casi no hay ningún personaje masculino de gran importancia en la Biblia hebrea que no aparezca llorando en algún momento: David lloró (2 Sam 18,33), Isaías llora (Is 22,24), Elías se deprime y desea su muerte (1 Re 19,4), igual que Jonás (Jon 4,3) y, si vamos al Nuevo Testamento, incluso Jesús llora en varias ocasiones (Lc 19,41; Jn 11,35; Heb 5,7).

¿Son todos estos personajes menos masculinos por haber expresado de esa manera tan expresiva sus emociones? ¿Por qué yo no podía llorar si quería ser considerado un buen hombre, pero los personajes bíblicos que me ponían en la iglesia como ejemplos de masculinidad sí que lo habían hecho?

De nueva cuenta, «¿qué significa ser hombre?». Es una pregunta tramposa que se encuentra con respuestas de todo tipo. Sin embargo, al escarbar un poco en cada una de ellas te puedes dar cuenta de que no importa si alguien contesta que es algo que se obtiene de nacimiento, pues de todas maneras es algo que se debe mantener y conseguir por diferentes medios. Es lo que se llama «masculinidad hegemónica».

La masculinidad hegemónica es un conjunto de prácticas que, aunque no representan la realidad de la mayoría de los hombres, son normativas en cuánto marcan un ideal a alcanzar y funcionan para establecer jerarquías, tanto dentro de los mismos grupos de hombres, como para continuar con la dominación de los hombres sobre las mujeres.

Este conjunto de prácticas no es de ninguna manera universal, pues se define dentro de cada sociedad, dependiendo de las necesidades del grupo dominante. Por ejemplo, en tiempos de guerra, el ideal del hombre es el soldado, mientras que en tiempos de necesidad de reproducción del capital humano de la nación el ideal del hombre es el que tiene muchas mujeres y muchos hijos.

El desafío entonces, cuando nos acercamos al texto bíblico, en donde ya hemos visto que operan los modelos de honor y vergüenza junto con el de los roles de género, es pensar qué modelo de masculinidad hegemónica estaba en boga al momento de ser escrito.

Se han propuesto cuatro características claves de la masculinidad hegemónica en la Biblia hebrea (Clines 2023):

1. **Evitar ser feminizado.** Es decir, evitar aparecer con comportamientos, vestimentas o incluso demasiado ligado a una mujer.
2. **Muestra de potencia.** Incluye el uso de la fuerza, la virilidad y las cualidades como guerrero.
3. **Honor.** Ser protector y proveer de lo necesario para la sobrevivencia a la familia, especialmente de las mujeres.

4. **Liderazgo.** Persuasión, sabiduría y honestidad en el discurso.

Al ser puestos en comparación con estas características, uno puede encontrar en los relatos bíblicos la masculinización de los personajes principales y la feminización de aquellos que son menospreciados o castigados.

Por ejemplo, la vida del rey David es quizá el mayor ejemplo de un hombre hegemónico en la Biblia; el macho por excelencia que todos los hombres deberían querer imitar:

1. **Evitar ser feminizado.** Aunque hoy esta relación pueda parecer sospechosa y algunos hayan intentado interpretarla desde la teología *queer*, lo cierto es que el vínculo cercano entre David y Jonatán no contradecía la masculinidad hegemónica del mundo bíblico. En cambio, una relación demasiado íntima con alguna de sus múltiples mujeres sí habría sido mal vista bajo esos parámetros. Sin embargo, esto nunca ocurre: hay muy pocos diálogos entre David y sus esposas, y uno de los pocos registrados termina con la maldición de Mical (2 Sam 6,20-23).

2. **Potencia.** Sin duda alguna, David es representado en primer lugar como un guerrero y se realza su valentía desde su batalla con Goliat (1 Sam 17), lo que hace que se le considere «más hombre que Saúl» mediante el cántico de las mujeres: «Saúl mató a sus miles, y David a sus diez miles» (1 Sam 18,7). Sin embargo, para demostrar que ya había perdido control del reino, se le demuestra como incapaz de tener un encuentro sexual con Abisag (1 Re 1,4).

3. **Mantener el honor.** El que una de sus obligaciones sea proveer seguridad material e incluso sexual explica por qué Absalón decide violar a las concubinas de su padre ante la vista de todo Israel para así despojarlo de su honor (2 Sam 16,20-23).

4. **Liderazgo.** La Biblia describe a David como «prudente en sus palabras» (1 Sam 16,18). En otros lugares se le describe como «sabio conforme a la sabiduría de un ángel de

Dios» (2 Sam 14,20) y como un hombre que cumple con su palabra, característica clave de la hombría (1 Re 1,28-31)

¿De qu U, una lectura atenta nos acercará a los problemas de género presentados en el texto.

HONOR, VERGÜENZA Y MASCULINIDAD HEGEMÓNICA EN JUECES 9

Como ya hemos visto, mantener el honor y evitar la vergüenza es lo más importante en las sociedades mediterráneas en las que se redactó la Biblia, y esto está muy ligado a la construcción del género varón: entre más masculino, más honor, entre más femenino, más vergüenza.

Es fundamental romper con la creencia de que la masculinidad es una condición estática e innata que no necesita ser trabajada ni puede ser perdida. La contradicción es evidente: aquellos que defienden una visión esencialista de los géneros son los mismos que presionan constantemente a los hombres para que cumplan con una serie de comportamientos socialmente establecidos.

Para la construcción de la masculinidad hegemónica, el arte, incluyendo la escritura, juega un doble papel, pues, por un lado, refleja el pensamiento de las sociedades en donde se crea y, por otro, también moldea este mismo pensamiento.

En esta sección me gustaría hablar sobre la construcción del género que se desarrolla en el relato de Jueces 9 y como este se manifiesta en los comportamientos de los personajes principales de la historia. Pero comenzaré en principio hablando de dos personajes que, a pesar de su importancia, son caracterizados solo como personajes cordeles del relato y ni su nombre se nos da: las mujeres.

Como ya he dicho antes, no es extraño para el texto bíblico mantener en el anonimato a las mujeres. Por dar un ejemplo cercano, en el libro de Jueces aparecen veintisiete mujeres o grupos de mujeres y solamente cuatro son identificadas por su nombre personal: Acsa, Débora, Jael y Dalila. Además, solo tres de ellas no son caracterizadas por su relación con un hombre, ya sea esposa, hija, concubina, pareja sexual (casi nunca consensuado) o madre.

En el relato las dos mujeres son muy importantes: marcan el inicio y el final de la vida de Abimelec. Por eso no darles un nombre debe ser una decisión consciente que el narrador toma con alguna finalidad.

En primer lugar, pensemos en la madre de Abimelec, mencionada solamente dos veces en el capítulo nueve siempre en relación con sus lazos familiares (Jue 9,1.18): como parte de la casa de su padre en Siquem en el versículo 1 y como la sierva de Gedeón en el versículo 18. Además, en el versículo 8,31 había aparecido como la concubina de Gedeón, quien vivía en Siquem y le dio un hijo, Abimelec.

El versículo del capítulo 8, si bien se trata de un agregado redaccional para ligar la narración de Abimelec con la de Gedeón, es importante porque el título dado a la mujer con respecto a Gedeón es la de «concubina» en comparación al que se le da en 9,18 que es el de «sierva» o «esclava».

¿Por qué en un versículo se le da el título de concubina y en otro el de esclava? Me gustaría proponer que, en el relato, las palabras del narrador indican una realidad de posición, mientras que en el versículo 9,18 se trata de una manera más para Jotam de insultar a Abimelec.

El mecanismo de utilizar a la mujer, especialmente a la madre de los enemigos, para poner en duda su estatus social no es nuevo para aquellos que hemos crecido en Latinoamérica, especialmente en México donde, como bien explica Octavio Paz en *El laberinto de la soledad*, «Hijo de la chi...» no es solo un insulto a la madre, sino que pone en duda el estatus social del insultado, convirtiéndolo en un bastardo.

Curiosamente, Octavio Paz relaciona este insulto con las representaciones de la imagen de Dios que aparecen en la cultura popular: el Dios macho y superior que no se presenta como Padre que protege, resguarda y guía, sino para imponer su superioridad humillando al otro.

Así, en la representación de la madre de Abimelec se abre, en el plano simbólico, una duda sobre la legitimidad del gobierno de Abimelec, pues mientras Jotam es un verdadero hijo de Gedeón (representante de YHWH), Abimelec es un simple hijo de su esclava.

Vayamos ahora con la otra mujer que se menciona de manera individual en el relato: aquella que arroja la piedra que significa el final de la vida de Abimelec. Viendo que el redactor del libro de Jueces no parece ser muy reticente a tener mujeres protagonistas en sus relatos, es notorio que no le haya dado nombre.

Siendo probablemente extranjera, quizá no se le quiere poner en competencia de importancia con Débora o quizá, al no darle ningún nombre, el redactor aumenta la humillación de Abimelec muerto por una mujer anónima.

Quisiera profundizar en la descripción de la mujer, para así poder elaborar una respuesta más completa a la pregunta de por qué no se menciona su nombre.

Como ya he demostrado antes, la caracterización que se hace en el capítulo de la ciudad de Siquem y sus ciudadanos, y, por lo tanto, también de los de la ciudad de Tebes, los define como extranjeros, adoradores de Baal, no pertenecientes al pacto de fidelidad con YHWH.

Desde esta perspectiva, la mujer ya no solo pertenece a la categoría «femenina» que, si bien es la más importante no es la única, sino que también forma parte de la categoría «extranjera», es decir, es parte de dos grupos marginalizados en la sociedad del Mediterráneo antiguo (y actual).

Pero, como si eso fuera poco, esta mujer no es la única extranjera mencionada en el libro de los Jueces. También aparece Dalila, a quien sí se le da un nombre.

Además, el «arma» que la mujer usa para partirle el cráneo a Abimelec es una piedra de molino. Según Deuteronomio 24,6, este objeto estaba entre las pocas cosas que los israelitas no podían tomar como prenda a los pobres, ya que era esencial para su subsistencia.

Así que, a la mujer-extranjera pagana, se le agrega una categoría más de marginalización: la pobreza. «Mujer, extranjera y pobre» une las tres categorías: de género (hombre/mujer), de religión (Yahvista/pagano) y de clase social (rico/pobre); más menospreciadas en el Medio Oriente Antiguo (y hoy). Esto explica perfectamente el poco esfuerzo que se toma el narrador para darle un nombre a está heroína de la historia.

Quizá incluso si no fuera tan importante para el redactor humillar la figura de Abimelec de todas las maneras posibles, esta mujer no hubiera encontrado un lugar en el texto bíblico.

Pero volvamos a la figura de Abimelec para preguntarnos sobre la construcción de su honor y masculinidad en el texto de Jueces 9. Por honestidad intelectual debo decir que gran parte de la idea de este capítulo está basada en un artículo publicado en el 2019 por Jon-Michael Carman (Carman 2019).

En ese artículo, Carman retoma las características de la masculinidad hegemónica citadas anteriormente para aplicarlas al relato de Abimelec: 1. no ser feminizado, 2. potencia (sexual y guerrera), 3. honor (proteger y proveer a los suyos) 4. liderazgo (sabiduría y persuasión).

Según el autor, el relato de Abimelec lo presenta como alguien desesperado por demostrar su honor alcanzando el perfil de masculinidad hegemónica de la época, lo cual, claramente, no logra.

En primer lugar, aunque en ocasiones parece que Abimelec alcanza el perfil de la potencia como guerrero, pues gana casi todas las batallas que pelea, en realidad no sucede así, pues el asesinato de sus hermanos más que una batalla se puede considerar una redada y a pesar de todo no puede asesinar a todos, solo a sesenta y nueve. La huida de Jotam representa una amenaza a su masculinidad.

De la misma manera, en el siguiente desafío presentado por Gaal y sus hermanos, Abimelec aprovecha la información que le proporciona Zebul, su gobernante, y prepara una emboscada en la que el triunfo estaba prácticamente asegurado contra un rival posiblemente borracho y desvelado. Aun así, de nueva cuenta no acaba con el enemigo, sino que permite que escape de la ciudad.

Aún peor es su manera de morir, a la que volveremos dentro de unos párrafos.

Por otro lado, la potencia no tiene que ver solo con ser guerrero, sino también con ser fértil, y en ningún lugar del texto se presente a Abimelec en relación con ninguna mujer y, por lo tanto, tampoco tiene descendencia, fallando en su intento de llenar la categoría de fertilidad.

Abimelec falla en cuanto al honor para proveer y proteger a los suyos, pues empieza la historia traicionando a sus hermanos de parte de padre y la termina destruyendo la ciudad de la familia de su madre, probando así su incapacidad para establecer lealtades y levantarse como protector de una familia y menos de una ciudad.

Hablando del liderazgo y la persuasión, Abimelec es presentado como un hombre persuasivo que logra el apoyo de los hombres de Siquem y logra que lo siga el pueblo en sus planes de batalla a través de sus convincentes discursos. Sin embargo, muy pronto se nos revela que cada uno de sus discursos son imprudentes, pues solo llevan a derramamientos de sangre sin sentido, incluida su muerte.

Además, la incapacidad de Abimelec para el liderazgo es mostrada en la manera en que no puede crear ningún lazo de lealtad y amistad, pues, al contrario, lo que encontramos en el texto es un hombre que, preocupado por su honor y masculinidad, utiliza a los demás para cumplir sus objetivos y que al final muere sin que nadie derrame una lágrima por él.

He dejado el tema de la feminización para el final a propósito, ya que la muerte de Abimelec termina completamente reduciendo su intento de alcanzar la masculinidad hegemónica al feminizarlo, incluso con la muerte.

Muere en manos de una mujer, lo que intenta evitar pidiéndole al escudero que lo asesine. Sin embargo, irónicamente, es lo único que se vuelve a mencionar sobre él en toda la Biblia hebrea cuando Joab lo recuerda en 2 Samuel 11,21. Abimelec es completamente despojado de su hombría y de su honor pues no existía nada más vergonzoso para un guerrero.

Simbólicamente, también hay quienes han sabido leer el lenguaje utilizado por el narrador en clave «reversión de género», pues la piedra de molino es utilizada en otros lugares haciendo connotación de una relación sexual, en donde la piedra de arriba representa al hombre y la de abajo, inmóvil, a la mujer (Job 31,9-1; Isa 47,1-3). Así, en su muerte, Abimelec está siendo, no solo humillado, sino feminizado.

Para concluir la sección queda claro que, leyéndolo con la ayuda de los estudios de género, el texto nos revela la lucha de un hombre por alcanzar los estándares de masculinidad impuestos. En los últimos años, autoras como Bell Hooks, han intentado demostrar la manera en que la masculinidad hegemónica afecta, no solo a las mujeres que se ven dominadas por los hombres, sino también a los mismos hombres que, buscando un ideal imposible de alcanzar, terminan viviendo y reproduciendo la violencia propuesta por este tipo de masculinidades (Hooks 2004).

En la historia de Abimelec, leída desde esta perspectiva, podemos ver el daño que esta masculinidad trae a la sociedad entera, ya que mucha sangre ha corrido, y corre, por las manos de quienes desean que se les llame hombres en esta sociedad.

ACTUALIZACIÓN HOMILÉTICA Y CRISTOLÓGICA

Desde los inicios de los años 2000 y acentuado después de la pandemia de COVID que provocó diversos escenarios de aislamiento social, el movimiento conocido como «manosfera» o movimiento del *red pill* (píldora roja, haciendo referencia a la película de Matrix) es uno de los que más ha crecido en las redes sociales y, si tienes hijos adolescentes o trabajas con adolescentes, te debería preocupar.

La manosfera (del inglés *Man* y *sphere*) es una red de sitios web, redes sociales, blogs y foros que promueven una masculinidad radical. Los principales referentes de estos sitios se definen como «defensores de los derechos del hombre».

¿Por qué debería importarnos como comunidades de fe? Porque, básicamente, esos sitios web y esos *influencers* que promueven el odio a las mujeres, a los extranjeros, a los miembros de la comunidad LGBTQ+ y a los pobres. Todo esto bañado de masculinidad hegemónica.

Según los miembros de estos movimientos, las mujeres, a través del feminismo y todas las organizaciones de derechos humanos, son una amenaza a la cultura occidental porque quieren terminar con la masculinidad de todos. ¿Pero a qué masculinidad se refieren? A una masculinidad donde los hombres se encuentran en la cima del orden social y las mujeres solo existen para proveerles satisfacción total y dar a luz a sus hijos.

Aunque podríamos pasar páginas enteras charlando sobre la causa de la proliferación de este tipo de ideologías, sobre todo entre los más jóvenes (aunque también hay muchos adultos y personas mayores en el movimiento), creo que es más importante pensar en un contradiscurso que podamos formular para compartir con aquellos que se encuentran preocupados por hallar su lugar entre los «verdaderos hombres».

Abimelec nos provee un excelente ejemplo de lo que pasa dentro de estas comunidades: victimización, manipulación, violencia y muerte; todo eso en la búsqueda de ser aceptados por otros hombres, ya que las mujeres los han rechazado «por no dejarse manipular».

Pero, entonces, ¿deberíamos compartirles los ideales hegemónicos de la masculinidad de la Biblia hebrea? Tampoco creo que sea una buena idea. ¿De verdad quieres criar hombres que creen que tienen que ser fuertes en la batalla; tener muchas mujeres, pero no comprometerse emocionalmente con ninguna; ser capaces de manipular a los demás, y darles la carga a ellos solos de tener que llevar el sostenimiento económico de la familia? Yo me lo pensaría dos veces.

Una vez más, como cristianos, deberíamos recurrir a nuestro maestro. ¿Qué significó para Jesús ser hombre? ¿Podemos aprender de él la manera en que podemos resignificar el significado de la masculinidad? ¿Es un buen ejemplo de hombría para nuestros hijos? Si no te fuera a responder que sí, no estaría escribiendo esto.

¿Cómo se relaciona Jesús con la masculinidad hegemónica? Tomo algunas ideas de Hugo Cáceres Guinet, religioso católico peruano, que nos pueden guiar en nuestras reflexiones sobre qué significa ser hombre:

1. En su encuentro con mujeres Jesús rompió códigos de género: se deja interpelar por la mujer sirofenicia (Mc 7,28), charla con una samaritana (Jn 4,7-26), tuvo discípulas (Lc 8,2-3), entre otras cosas más.
2. Desafió el ideal del matrimonio, siendo célibe toda su vida.
3. Resistió la imposición de la estructura familiar.
4. Mostraba sus sentimientos.
5. Apreció a los eunucos como ejemplos de los que se acercan al reino de los cielos (Mt 19,12).

Entre muchas otras cosas, creo que estos cinco puntos propuestos por Guinet, nos deben hacer pensar en la manera en que Jesús realmente desafió los roles de géneros y los ideales patriarcales que ya estaban dispuestos en la sociedad judía del primer siglo.

Y no solo fue Jesús quien desafió los ideales familiares de la sociedad. Pablo también lo hace cuando no propone el matrimonio y la familia romana como el ideal de comportamiento para el cristiano, sino la soltería (1 Cor 7,32-34) y, también, cuando desafía los roles de género al predicar que no existe diferencia entre el hombre y la mujer (Gal 3,28).

Aunque nos cueste creerlo, tampoco en el cristianismo primitivo prevaleció el matrimonio y la familia romana como el ideal de espiritualidad, sino que, quienes eran vistos espiritualmente superiores eran aquellos que, como los monjes del desierto entre los siglo III al VIII, vivían en soledad y retiro de toda la sociedad, formando comunidades muy alejadas del ideal de familia.

Pero no se trata de copiar modelos. No todos estamos llamados a vivir como Jesús, Pablo o los monjes del desierto. Yo mismo estoy felizmente casado y, al menos por ahora, no tengo intención de seguir un camino ascético. De lo que se trata, más bien, es de comprender que no existe un modelo único y perfecto de masculinidad o feminidad.

Hoy necesitamos como iglesia, y sobre todo los hombres, volver a ver a Jesús como el principio de vida y práctica en nuestras relaciones con los demás, alejándonos de cualquier discurso que promueva lo hegemónico como único camino de masculinidad.

En Jesús, los hombres no necesitan ser los guerreros poderosos, pues la invitación no es a responder a la violencia con más violencia, sino a poner la otra mejilla; tampoco necesitan mostrar su virilidad alejándose emocionalmente de las mujeres, pues Jesús nos enseña a amarlas y aprender de ellas como iguales a nosotros.

Los jóvenes de nuestras comunidades necesitan saber que seguir cualquier otro modelo de masculinidad fuera de Jesús solo los puede llevar al camino de Abimelec: violencia y soledad.

¡Que nuestras familias e iglesias sean lugares donde hagamos real el mensaje cristiano de igualdad radical y no un lugar más de confrontaciones, roles de género y modelos hegemónicos imposibles de alcanzar!

BIBLIOGRAFÍA RECOMENDADA

- CÁCERES GUINET, H., *Jesús, el varón. Aproximación bíblica a su masculinidad*, Verbo Divino, Estella 2011.

  Se trata de un hermoso y muy bien fundamentado trabajo de investigación bíblica sobre la representación de la masculinidad de Jesús en los evangelios. Hacía falta desde hace muchos años una obra así de seria que tuviera en cuenta los aportes de las ciencias sociales tanto como el trabajo exegético, además de un lenguaje comprensible para todos.

- GARCÍA BACHMANN, M., «Mujeres en El Libro de Jueces», *Revista de Interpretación Bíblica Latinoamericana* 75, n.º 2 (2017) 23-32.

  En el número 75 de *RIBLA*, dedicado por completo al libro de Jueces, se encuentra este artículo de la teóloga feminista argentina Mercedes García Bachman. Si deseas obtener herramientas que te ayuden a leer los textos problemáticos acerca de las mujeres en el libro de Jueces, esta es una buena opción para comenzar.

CONCLUSIÓN

Estamos llegando a la finalización de este libro que trata sobre uno de los personajes más ignorados de la Biblia hebrea en nuestras comunidades de fe. ¿Cuántas veces escuchaste una homilía o predicación que hablara sobre Abimelec? Casi siempre nos quedamos con Gedeón, su padre, y nos olvidamos del hijo.

A través de esta obra me has acompañado en el estudio exegético y hermenéutico del capítulo 9 del libro de Jueces, ¡lo cual te agradezco con todo el corazón! Espero que no solo te haya servido para entender un poquito más este capítulo, sino que te haya dado herramientas para seguir estudiando el resto del libro de Jueces.

Aunque he intentado ser lo más claro posible, quizá te pudo haber quedado alguna duda o quieras compartirme tus pensamientos y críticas. Te invito a que lo hagas escribiéndome por correo a alexeiv@uca.edu.ar o a través de las diversas redes sociales, donde me encontrarás como AlexeivRdz, y, con mucho gusto, te contestaré lo más rápido posible.

No fue dicho todo lo que podría decirse sobre Abimelec, pues como toda historia, la suya sigue viva en los lectores que la leen y la escuchan atenta. y seguramente guarda muchas sorpresas para el futuro. Espero que si Abimelec te sorprende con otras enseñanzas las puedas compartir conmigo, pues el conocimiento se construye en comunidad.

Por último, te invito a seguir apoyando la teología latinoamericana compartiendo este libro con tus conocidos y comprando los demás tomos de esta colección titulada «Profundizar la Palabra», que contiene diferentes títulos publicados por excelentes biblistas pertenecientes a la Asociación Bíblica Argentina.

¡Que el Espíritu de Dios siga soplando sabiduría y vida en todos aquellos que deciden estudiar y predicar su palabra!

OTRAS OBRAS CONSULTADAS

CARMAN, J.-M., «Abimelech the Manly Man? Judges 9:1-57 and the Performance of Hegemonic Masculinity», *Journal for the Study of the Old Testament* 43/3 (2019) 301-316. https://doi.org/10.1177/0309089217720620.

CLINES, D. J. A., *Play the Man!: Biblical Imperatives to Masculinity*, Sheffield Phoenix Press, Sheffield 2023.

GARCIA BACHMANN, M. L., *Women at Work in the Deuteronomistic History*, Sheffield Phoenix Press, Sheffield 2013.

HOOKS, B., *The Will to Change: Men, Masculinity, and Love*, Simon and Schuster, New York 2004.

PILCH, J. J. – MALINA, B., *Handbook of Biblical Social Values*, 3rd ed., Wipf and Stock Publishers, Eugene 2016.

RICHTER, W., *Die Bearbeitungen des «Retterbuches» in der deuteronomischen Epoche*, Bonner biblische Beiträge 21, Peter Hanstein Verlag G.m.b.H., Bonn 1964.

SCHIPPER, J., *Parables and Conflict in the Hebrew Bible*, Cambridge University Press, Cambridge 2009.

SCHOLZ, S., *The Oxford Handbook of Feminist Approaches to the Hebrew Bible*, Oxford University Press, Oxford 2020.

SUGIRTHARAJAH, R. S., *The Postcolonial Biblical Reader*, John Wiley & Sons, Chichester 2008.